AF435627

Comment formater
et typographier
vos livres

Comment formater et typographier vos livres

Pour démarcher des éditeurs
ou s'autoéditer

Jérémie Lebrunet

Autoédition

ISBN 979-10-92703-25-2

Introduction

Bonjour à vous, ami auteur ! Avant toute chose, je souhaite vous remercier de votre confiance pour avoir acheté ce livre. J'espère que vous y trouverez les conseils que vous recherchez et plus encore ! Une clé vers un succès éditorial ?

Quand j'ai commencé à m'autoéditer, je n'avais (presque) aucune idée de l'importance de présenter correctement mon texte. Je faisais cela un peu au *feeling*… Puis, j'ai publié une nouvelle où une banque fictive portait le nom de Crédit Solidaire et je me suis demandé s'il fallait l'indiquer en italique ou entre guillemets, ou les deux. Ces premières recherches sur Internet marquaient le début d'une longue exploration et d'un non moins long apprentissage !

Pour vous faire gagner du temps, j'ai voulu rédiger cet ouvrage comme un manuel très simple à consulter pour améliorer facilement le formatage et la qualité typographique de vos textes. Et si votre livre est déjà écrit, je vous propose à la fin de chaque chapitre des protocoles de corrections clé en main pour vous éviter des relectures fastidieuses. J'ai intitulé ces protocoles « Si le mal est déjà fait, que faire ? »

L'intérêt est de pouvoir proposer un rendu professionnel aux éditeurs à qui vous soumettrez votre manuscrit ou aux lecteurs qui liront votre ouvrage si vous choisissez de l'autoéditer, que ce soit en le vendant en numérique ou papier sur Amazon et compagnie, ou en le proposant gratuitement sur des plateformes d'auteurs comme Wattpad ou sur un blog.

Mettons-nous d'accord tout de suite sur les deux mots-clés de cet ouvrage : formatage et typographie.

Par formatage, j'entends « tout ce qui concerne la mise en forme du livre ». Tout le travail qui porte sur la structure de ce livre, l'agencement des sections et des pages, la mise en page, dans le but de le transformer en un fichier parfaitement présentable à un éditeur ou un livre directement éditable en numérique ou imprimable sur papier. Je ne parlerai que succinctement de la transformation proprement dite (voir chapitre 5), mais si vous suivez mes conseils, cette étape se révèlera facile.

Quant à la typographie, c'est un ensemble de codes qui normalisent l'usage des caractères d'imprimerie, qu'il s'agisse de lettres, de chiffres, de signes de ponctuations, de symboles ou d'espaces. Le but de cette normalisation est de structurer le texte pour le rendre compréhensible. En disant cela, je pense par exemple à l'usage de l'italique. Je ne parlerai pas ici des polices de caractères (qui est souvent l'un des sens donnés au mot typographie).

Dans ce livre, nous verrons d'abord des conseils concernant le formatage, puis la typographie. Je trouve cela logique d'aller du contenant vers le contenu. Enfin, la troisième partie récapitulera les règles typographiques abordées.

Je tiens à préciser que ce guide n'a pas pour vocation de présenter de manière exhaustive toutes les conventions typographiques en usage. Je m'attacherai à expliquer les principales règles, celles qui permettront une présentation correcte de votre manuscrit.

D'une part, ces règles sont nombreuses et complexes, avec beaucoup de cas particuliers qu'il serait très long de présenter et que je ne serais pas certain de maîtriser sur le bout des doigts. D'autre part, il existe des ouvrages spécialisés pour cela. Les puristes ne manqueront donc pas d'observer que certaines exceptions ne seront pas mentionnées ici. Mais quelle importance si, d'un point de vue typographique, notre texte est nickel à 90, 95 ou même 98 % ? L'éditeur fera de toute façon corriger votre manuscrit s'il l'accepte et, dans le cas de l'autoédition, la plupart des lecteurs n'auront pas les compétences nécessaires pour remarquer les 10, 5 ou même 2 % restants. Ou alors s'en ficheront. Et si quelqu'un vous laisse un avis négatif parce que vous avez mis un « etc. » en italique… ignorez-le et continuez à écrire !

Il est bon de savoir que les règles de typographie changent d'un pays à l'autre. La différence est flagrante avec les Anglo-Saxons qui n'utilisent pas les mêmes guillemets que nous et collent leurs « ? », « ! » et « : » au mot qui précèdent. Alors, ne vous étonnez pas non plus si en Belgique ou au Canada, les éditeurs appliquent des normes légèrement différentes, bien qu'ils soient francophones.

Il faut aussi avoir à l'esprit que ces règles évoluent et que chaque année, un *Code typographique* est réactualisé. L'Imprimerie nationale édite aussi un *Lexique des règles typographiques en usage* (voir Références sitographiques). Ces codes bougent, ce qui est la norme aujourd'hui ne le sera pas forcément demain et inversement. Les éditeurs entre eux n'ont pas tous les mêmes pratiques et un même éditeur peut les faire évoluer au cours des décennies (voir l'exemple de J'Ai Lu dans la partie sur les guillemets de monologue au chapitre 8).

Au risque d'en choquer certains, j'en profite pour dire que c'est sciemment que je fais une entorse à l'une des règles typographiques en vigueur, par goût personnel. En France, nous sommes censés capitaliser uniquement la première lettre du mot non trivial d'un titre, alors que les Anglo-Saxons capitalisent tous ces mots (sont dits non triviaux les noms, adjectifs, verbes, adverbes ; tous les petits mots comme les articles, les conjonctions de coordination… étant par conséquent triviaux). Mais je trouve que les titres ont plus de classe à la mode américaine ! Bon, j'avoue, c'est très subjectif.

Tout ça pour vous dire que, dans le fond, ce qui importe dans l'application de ces codes, c'est de choisir en connaissance de cause, de faire prévaloir le bon sens en cas de doute et que notre document soit homogène afin de lui garantir un aspect professionnel (ne pas changer de code en cours de route). Pour illustrer cela, je prends souvent l'exemple des heures. Il est possible de les écrire de plein de manières différentes : 1h23, 1 h 23, 1 heure 23, une heure vingt-trois ou même 1:23. Davantage que d'employer le format recommandé par l'Imprimerie nationale (le deuxième), l'important à mes yeux est de choisir un modèle et de s'y tenir.

De toute façon, il faut aussi être réaliste : malgré les efforts que nous déploierons, il y aura toujours un risque de laisser quelques erreurs dans un texte. C'est le cas, même quand le texte passe entre les mains de correcteurs aguerris : dans le prix Goncourt 2011, *L'Art français de la guerre* d'Alexis Jenni, il restait encore une dizaine de coquilles comme « Tu tourne le dos ». Si d'aventure vous en trouviez dans ce guide, merci de m'adresser un e-mail pour que je puisse les corriger (voir Mentions légales).

Et même avec un texte nickel, il pourra toujours se trouver un grincheux à laisser un avis négatif sur Internet parce que les marges ne sont pas assez comme ci (alors qu'il a mal paramétré sa liseuse) ou qu'un personnage a eu l'outrecuidance de prononcer un « malgré que » (locution que la maîtresse du grincheux lui a appris à détester il y a vingt ans). Oui, ça sent le vécu et vous avez raison.

Chaque chose est donc à relativiser, même si cela ne doit pas nous empêcher de faire de notre mieux pour la présentation de nos textes, quelle que soit leur destination ! Plus nous respecterons certains codes, plus nous améliorerons le confort de lecture et la facilité de compréhension des récepteurs du texte (éditeurs sollicités ou acheteurs d'un livre autoédité). La forme augmentera les chances de succès de notre fond.

Dans cet ouvrage, ce sont les plus importants de ces codes formels que je vous propose de voir ensemble.

J'espère sincèrement que ce guide vous sera utile et je souhaite un franc succès à vos écrits ! ☺

Mode d'emploi pour utiliser ce guide

J'ai conscience que cet ouvrage est long et assez dense. Selon vos connaissances et vos besoins dans les différents domaines abordés, certains conseils vous sembleront peut-être relever du B-A-BA, alors que d'autres vous paraîtront plus techniques.

Aussi, pour ne pas vous dégoûter du formatage et de la typo, je vous conseille de « picorer » ce guide : consultez la table des matières au début et l'index à la fin, arrêtez-vous aux chapitres qui vous intéressent, lisez les tutoriels de correction uniquement si vous souhaitez les appliquer. Dans le cas contraire, n'hésitez pas à passer directement au chapitre suivant. J'ai fait de mon mieux pour rendre ces protocoles aussi clairs et digestes que possible, avec des étapes numérotées et des listes à puces pour chaque manipulation.

Sincèrement, il vaut mieux intégrer petit à petit ces principes, quitte à n'en appliquer qu'une partie au début et à vous référer à ce guide au moment des corrections (je pense par exemple aux règles d'écriture des nombres). Avec le temps et la pratique, vous vous perfectionnerez. Au fur et à mesure, ce qui vous demandait un effort de réflexion deviendra un réflexe qui fera partie intégrante de votre façon d'écrire.

Les tutoriels de ce guide sont conçus spécifiquement pour Word, mais ils s'appliquent aussi très bien sous OpenOffice Writer. Les fonctions de formatage, de remplacement, de correction automatique sont similaires et j'ai fait des recherches et des tests pour vous proposer des manipulations équivalentes. Je vous fournis aussi des liens vers de la documentation ciblée (voir les Références sitographiques à la fin). Par commodité, j'utiliserai dorénavant le terme Writer pour désigner ce logiciel.

<u>Note</u> : Writer conviendra bien pour un envoi à un éditeur. Cependant, il est peut-être moins indiqué pour fabriquer des livres numériques : j'ai en effet trouvé sur Internet plusieurs témoignages de personnes qui avaient eu des erreurs avec ce logiciel. Toutefois, je n'ai jamais testé moi-même Writer pour cet usage. Alors, ne prenez pas ce que je dis comme une vérité intangible et faites vos propres tests, surtout si vous avez l'habitude de travailler avec ce logiciel et ne souhaitez ni acheter Word, ni avoir à le prendre en main. De plus, il me semble qu'il est régulièrement mis à jour.

La plupart des conseils de ce guide s'appliqueront aussi avec Apple Pages, le traitement de texte pour Mac (mais je le connais mal), et avec des logiciels d'écriture spécialisés comme Scrivener (que j'utilise pour mes romans). Cependant, il y aura parfois besoin d'adapter certains tutoriels (les styles, les tables des matières) et de faire des recherches complémentaires au sujet de la fonction Remplacer et des caractères génériques, car je n'ai pas toujours réussi à trouver des manipulations équivalentes. Ceci dit, les principes typographiques et la logique des tutoriels resteront valides.

Table des matières

PARTIE 1
Mise en page
et formatage

1. La mise en page de base

Mise en page générale

Le plus important à garder à l'esprit est qu'il faut que le corps de votre texte soit lisible, peu importe que vous le fournissiez à son destinataire sous forme imprimée ou au format numérique, dans le but qu'il soit lu sur écran ou imprimé. Le résultat doit être nickel et au service du confort.

Dans le cas d'un éditeur, il est impensable qu'il ait à modifier lui-même le formatage d'un fichier numérique (si vous envoyez un fichier .doc, .odt ou .pdf) pour que ce soit confortable à lire et annoter.

Je vous conseille donc d'éviter toutes les polices, tailles, couleurs et mises en page exotiques ou farfelues. Les éditeurs réclament souvent que les textes soient formatés selon les critères suivants :

- en police Times New Roman : elle est facile à lire, de même que `Courier New` (que je n'aime pas trop, pour ma part). Certains éditeurs préfèrent aussi des polices sans empâtement, qualifiées de « sans sérif ». La plus connue est **Arial**. Pour le web et les livres numériques, des polices spéciales, comme **Verdana** ou **Tahoma**, ont été créées pour limiter la fatigue oculaire due à la lecture sur écran ;
- en taille 12 ;
- en interligne 1,5 ou 2 ;
- pas de saut avant, ni après les paragraphes ;
- en noir. Word propose parfois du bleu pour ses styles de titre prédéfinis. Je vous conseille d'opter pour du noir, les

couleurs passeront parfois mal sur les liseuses. Éventuellement du gris pour les gros titres ;

- avec des marges suffisantes : 2,5 cm par défaut dans Word pour une page A4. Je vous déconseille de les réduire, des lignes trop longues sont moins confortables à lire. Si vous imprimez sur un format poche, les marges peuvent faire 1,5 cm. Sur les livres numériques (mobi et epub), cela n'a pas d'importance, car c'est le lecteur qui choisit la taille des marges ;

- avec ou sans une numérotation des pages, ça dépend des éditeurs. Par contre, si vous autoéditez un livre papier ou un pdf, c'est incontournable. Pour les livres numériques (mobi et epub), cela n'a pas de sens.

Si vous envoyez votre manuscrit à un éditeur, que ce soit en papier ou en numérique, n'oubliez pas que l'idée est de pouvoir facilement imprimer votre manuscrit, le lire confortablement (eux ou les membres des comités de lecture) et, surtout, l'annoter ou le corriger à loisir. D'où l'interligne important et les marges suffisantes. Même si certains liront sur écran, les besoins de confort et de facilité de prise de notes restent les mêmes. Soyez charitable avec le doigt qui tentera de sélectionner un mot ou groupe de mots sur un écran tactile pour les surligner, annoter, partager…

Certains éditeurs ont même des conditions très strictes : tant de lignes par page (vingt-huit, par exemple), tant de mots ou de caractères par ligne… Assurez-vous de bien lire ce que chaque éditeur précise sur son site. Si vous ne vous y conformez pas scrupuleusement, cela peut faire croire à l'éditeur que vous manquez de sérieux ou d'implication et peut conduire directement votre manuscrit aux oubliettes.

Si vous répondez à un appel à textes lancé par une maison d'édition, il y aura sûrement une longueur à respecter, qu'elle soit minimale ou maximale. Elle peut être indiquée en nombre de mots ou en nombre de sec (signes espaces comprises ; oui, j'ai bien écrit « comprises », car en typographie, « espace » est féminin). Pour cela, dans Word, reportez-vous dans l'outil **Statistiques** de l'onglet **Révision** (il y a un raccourci dans le coin inférieur gauche de l'écran). Dans Writer, ces statistiques sont dans le menu **Outils**.

Si vous choisissez de vous autoéditer, je vous conseille fortement d'adopter les mêmes standards de formatage, en abaissant toutefois l'interligne à 1,2 : vos lecteurs n'auront en général pas besoin d'annoter votre texte (encore que pour un livre informatif, ça peut être utile), mais pensez qu'ils peuvent avoir envie d'en partager des phrases sur les réseaux sociaux (le Kindle d'Amazon permet cela, mais il faut avoir la place de sélectionner le passage avec le doigt). L'interligne 1 me semble trop serré pour être confortable.

Sachez toutefois que dans les applications de lecture (peu importe qu'on soit sur ordinateur, tablette, liseuse ou smartphone), les lecteurs peuvent bien souvent choisir le type de police, la taille des caractères, des marges et de l'interligne.

Pour les livres papier que vous choisiriez d'autoéditer via CreateSpace, le service d'impression à la demande d'Amazon, je vous conseille d'utiliser une police en taille 12 pour les livres de grands formats et plutôt une taille 11 pour les formats poche. Sur YouTube et sur mon blog, j'ai publié un tutoriel pour formater son fichier Word et le publier sur cette plateforme :

Lien court : goo.gl/OFYbAL.

Le retrait de la première ligne des paragraphes

Une autre chose important de votre mise en page est le retrait de la première ligne de chaque paragraphe. En effet, chaque paragraphe est censé développer une idée spécifique. Implicitement, le retrait indique au lecteur que l'on change d'idée ou d'action.

Il a été démontré que les paragraphes très longs (qui rempliraient entièrement la page, par exemple) donnaient un sentiment de pénibilité aux lecteurs, comme s'ils n'avaient pas l'occasion de faire une pause dans leur lecture. J'ai lu ailleurs sur le web qu'il en allait de même pour les chapitres très longs, comme si la fin d'un chapitre était une occasion de fermer le livre facilement pour y revenir plus tard.

Les phrases trop longues peuvent aussi rebuter certains lecteurs. Mais selon moi, il n'y pas de règle absolue : tout dépend de leur complexité et de leur compréhensibilité. Un seul remède en cas de doute : la lecture à haute voix.

Ceci étant dit, revenons à notre propos.

Pour les textes destinés à être lus sur de grands formats, je vous conseille un retrait de première ligne de l'ordre de 0,75 à 1 cm, facile à repérer pour l'œil, mais pas trop grands non plus. Par grands formats, j'entends les textes imprimés sur du A4 par l'éditeur ou par l'acheteur d'un pdf ou les textes autoédités en papier sur un site d'impression à la demande comme CreateSpace, sur un format supérieur au poche. Il en va de même pour les fichiers pdf qui sont majoritairement lus sur ordinateur (donc grand écran).

Pour les formats de livres qui seront lus sur tablettes, liseuses ou smartphones (mobi et epub), je recommande 0,5 cm. Il me semble qu'en regard de la largeur de l'écran, c'est bien assez pour structurer la page et faciliter la lecture.

Dans ce livre, par souci de commodité en regard de ses trois versions (papier, pdf et epub/mobi), j'ai choisi un compromis qui me semble confortable : un retrait de 0,7 cm pour tous.

Astuce pour le retrait de première ligne

En fait, si vous voulez obtenir un formatage propre, c'est plutôt une obligation qu'une simple astuce…

Ne réalisez jamais le retrait de la première ligne en faisant une tabulation ou (pire) en appuyant plusieurs fois sur la barre d'espace ! Si vous utilisez les espaces, impossible d'obtenir des débuts de paragraphes bien alignés si vous justifiez le texte puisque Word adapte la largeur de ces espaces. Et dans les deux cas, si vous décidez de changer la taille du retrait, ça va être une vraie galère… J'avoue : je faisais ça il y a des années, quand j'étais étudiant (je centrais même mes titres de cette façon…).

Non, il y a un outil tout simple dans Word pour cela, c'est la **Règle** (nous verrons plus loin une fonction encore plus pratique et professionnelle). Si elle n'apparaît pas en haut et à gauche de votre écran, allez dans l'onglet **Affichage** et cochez la case **Règle**.

Writer : allez dans le menu **Affichage > Règle**.

Puis, sélectionnez tout votre texte (Ctrl + A) et jouez à déplacer le petit triangle du haut, celui qui a la pointe vers le bas. C'est lui qui détermine où commence la première ligne. Celui qui a la pointe vers le haut commande les autres lignes du paragraphe et le petit rectangle permet de bouger les deux triangles en conservant leur écartement. Très utile si vous voulez modifier la mise en forme d'une liste.

Si le mal est déjà fait, que faire ?

Si vous avez déjà formaté l'ensemble des retraits de première ligne de votre roman avec des tabulations ou des espaces, pas de panique, vous n'êtes pas maudit : il existe une solution qui ne vous oblige pas à les supprimer un à un !

Si vous avez mis des tabulations : ouvrez l'outil **Remplacer** de l'onglet **Accueil** (nous allons beaucoup l'utiliser).

- **Rechercher** : placez votre curseur dans le champ et ouvrez le bas de la fenêtre avec **Plus > Spécial** et cliquez sur **Tabulation**. Normalement, il y aura écrit ^t dans le champ.
  Remplacer : laissez le champ vide et cliquez sur **Remplacer tout**. C'est fait !
  <u>Writer</u> : pour rechercher les tabulations, tapez \t. Sans le point, bien sûr.

Si vous avez mis des espaces, vous allez utiliser aussi l'outil **Remplacer**, mais il y a deux cas de figure : soit vous avez mis un nombre d'espaces pair, soit un nombre impair.

- Pour un nombre d'espaces pair, faites ceci :
  Rechercher : ^w^w ce qui signifie « deux espaces sécables ou insécables ».
  Remplacer : laissez vide et cliquez sur **Remplacer tout**. Renouvelez l'opération tant que des remplacements sont effectués.

<u>Writer</u> : pour rechercher deux espaces, tapez deux fois [:space:].

- Pour un nombre d'espaces impair, faites ceci :
Rechercher : ^w^w^w
Remplacer : laissez vide et cliquez une seule fois sur **Remplacer tout**.
Puis, supprimez l'une des espaces du champ **Rechercher** et remplacez tant que des résultats sont trouvés.

- Si vous n'avez mis qu'une seule espace pour faire le retrait, voici quoi faire. C'est à mon avis un cas rarissime, car visuellement, ça ne constituerait pas un vrai retrait. Toutefois, il arrive que des espaces solitaires se glissent subrepticement au début des lignes.
Rechercher : ^p^w ce qui signifie « Changement de paragraphe ^p suivi d'une espace sécable ou insécable ».
Remplacer : ^p

<u>Writer</u> : cochez **Expressions régulières**, tapez ^[:space:] dans le champ **Rechercher** et laissez vide le champ **Remplacer**.

<u>Note</u> : il est bon de supprimer aussi toutes les espaces malencontreusement laissées à la fin de la dernière ligne de chaque paragraphe. En effet, ces espaces augmentent le nombre total de sec (rappel : signes espaces comprises) de votre document. Si l'éditeur a fixé un maximum et que vous êtes à la limite, cela peut faire une différence de plusieurs centaines de sec (théoriquement, cela peut représenter autant de sec qu'il y a de paragraphes dans votre texte). Voici la manipulation :

- **Rechercher** : ^w *suivi de* ^p ce qui signifie « N'importe quelle espace, qu'elle soit sécable ou insécable, suivie d'un saut de paragraphe » (voir chapitre 6).

Remplacer : ^p

Effectuez le remplacement deux fois, pour les fins de paragraphe qui auraient deux espaces.

<u>Writer</u> : cochez **Expressions régulières**, tapez [:space:]$ dans le champ **Rechercher** et laissez vide le champ **Remplacer**.

2. Les styles

Je vous ai présenté la **Règle**, car il est utile de savoir la maîtriser, mais il y a beaucoup plus pro et efficace pour paramétrer le retrait de la première ligne des paragraphes et pour mettre en forme l'ensemble de votre document. Il s'agit de la fonction **Style**.

Le style du corps de texte

Dans l'onglet **Accueil**, faites un clic droit sur le style **Normal** qui définit l'apparence du corps de texte et sélectionnez **Modifier**. En bas à gauche de la fenêtre, allez dans **Format** > **Paragraphe** et paramétrez un **Retrait de 1re ligne** positif de la taille souhaitée.

Je vous conseille également dans l'onglet **Enchaînements** de cocher la case **Éviter les veuves et orphelins**. Ce sont les lignes qui se retrouvent seules en haut ou en bas de page (voir chapitre 5). Cela fera un rendu plus pro, surtout si vous autoéditez votre livre en papier. À éviter toutefois si l'éditeur réclame un nombre précis de lignes par page.

Note : pensez bien à sélectionner tout votre texte (Ctrl + A) et à lui appliquer le style **Normal** pour être sûr qu'aucun paragraphe n'y échappe. Vous redonnerez ensuite un style spécifique aux autres éléments.

Le style des titres et autres éléments

La fonction **Style** est vraiment pratique pour homogénéiser l'ensemble de votre document sans souffrir d'oublis.

J'utilise les styles notamment pour les titres et les sous-titres, mais pas seulement. Vous pouvez d'ailleurs choisir que les Titres 1 commencent tous sur une nouvelle page : clic droit sur le bouton **Titre 1 > Modifier** > **Format** > **Paragraphe** > onglet **Enchaînements** > cochez la case **Saut de page avant**.

Dans les livres que j'autoédite, je mets généralement les Titres 1 en Times New Roman, en taille 18, gras et aligné à gauche. Inutile qu'ils soient trop grands, pourvu qu'ils contrastent suffisamment avec les Titres 2 (taille 14) et le corps du texte (taille 12). Sur les pages de titres, certains remplacent la première lettre du texte par une lettrine. Pourquoi pas, cela convient bien à certains genres (fantasy, romance, récit historique…).

Dans le cas d'une soumission à un éditeur, chacun aura ses préférences. Si ce n'est pas spécifié sur le site de la maison d'édition (et ça le sera rarement), je vous conseille plutôt de faire preuve de sobriété, comme indiqué au paragraphe précédent (trop de fantaisie risquerait de vous desservir). De toute façon, l'éditeur ne basera pas son choix sur cet élément et, s'il accepte votre manuscrit, il se chargera ensuite de donner à vos titres l'aspect de son choix.

Cette fonction **Style** est d'autant plus pratique si vous voulez gérer différents éléments (il faut que ce soit des paragraphes distincts). Par exemple :

- des légendes centrées sous les images ou graphiques, eux-mêmes ayant un style spécifique pour les centrer et faire de la place au-dessus ou en dessous ;

- des citations en italique ou pas (la mise entre guillemets est davantage recommandée, voir chapitre 8), peut-être avec une taille, une police ou une couleur différente, à l'intérieur d'un paragraphe ou constituant un paragraphe à part entière avec un retrait plus important à gauche ;
- des liens hypertextes qui ne sont pas forcément bleus et soulignés ;
- des listes à puces telles que celle-ci : le style prédéfini s'appelle **Paragraphe de liste**, et vous pouvez changer l'aspect des puces (**Modifier** le style > **Format** > **Numérotation**), le retrait, l'alignement, etc.

Pour appliquer facilement des styles précis, rien de plus simple : utilisez les autres styles prédéfinis de Word, modifiez-les ou créez autant de nouveaux styles que nécessaire. Pour cela, cliquez sur la petite flèche diagonale en bas à droite du cadre **Style**, puis sur l'icône **Nouveau style** en bas à gauche de la fenêtre. Vous pouvez faire en sorte qu'un nouveau style hérite des propriétés d'un autre en modifiant le paramètre **Style basé sur**.

Note : dans les styles que vous créez, vous pouvez définir le **Type de style**, c'est-à-dire si ce style doit s'appliquer à un paragraphe entier (listes à puces, tableaux, titres de tableau) ou seulement à un groupe de caractères au sein d'un paragraphe (liens hypertextes, citations).

Writer : il existe une fonction **Style et formatage** similaire (voir Références sitographiques).

Pages : je vous conseille le tutoriel de Nathalie Materne sur YouTube : goo.gl/1N5t2H.

<u>Scrivener</u> : allez dans **Format > Formatage**. Les sauts de page seront à paramétrer au moment de compiler le livre.

Si le mal est déjà fait, que faire ?

Si vous avez déjà formaté votre document de plein de manières différentes ou que vous n'êtes pas très sûr de l'homogénéité de ce formatage, je vous conseille une solution drastique : sélectionnez tout (Ctrl + A) et appliquez le style **Normal**. Assurez-vous de lui conférer des propriétés qui vous conviennent avec la fonction **Modifier** accessible d'un clic droit (sachant que vous pourrez facilement y revenir plus tard). Puis, reprenez tout le formatage de vos titres, sous-titres, citations, images, légendes, etc.

3. La table des matières

Le top lorsque vous stylez votre document comme décrit précédemment, c'est que Word prendra automatiquement en compte les éléments que vous souhaitez si vous choisissez d'insérer une table des matières au début du document ou une table des illustrations ou un index à la fin.

La première est importante pour un roman (même si elle figure rarement dans les formats poches) et toutes les trois le sont pour les livres à caractère informatif. Ces fonctions se trouvent dans l'onglet **Références** de Word.

Writer : allez dans **Insertion > Index et tables**. Pour plus d'informations, consultez la partie Références sitographiques.

Pages : ne maîtrisant pas ce logiciel, je vous renvoie à nouveau vers le tutoriel de Nathalie Materne sur YouTube : goo.gl/1N5t2H.

Insérer une table des matières

Pour une table des matières entièrement personnalisée, cliquez sur le bouton et allez tout en bas dans **Insérer une table des matières > Options**. Vous pourrez choisir de construire la table en y incluant les styles prédéfinis ou nouvellement créés.

Une table des matières est un élément très utile pour vos lecteurs, que ce soit dans un livre papier avec la pagination ou dans un livre numérique au format pdf avec la pagination et les titres cliquables pour se rendre directement à la partie choisie. Dans le pdf, la pagination de changera pas, même si vous réduisez la taille d'affichage dans une liseuse (ça fait juste une police toute petite…).

Bien souvent, on place cette table au début des ouvrages à caractère informatif, avant la préface et l'introduction, ou, dans un roman, avant le prologue. Il arrive aussi que la table des matières se trouve à la fin, en compagnie de la table des illustrations (il est plus logique et pratique de les regrouper).

La table des matières dans un livre numérique autre que pdf

La table des matières n'est pas obligatoire pour les livres numériques publiés via Amazon KDP (format .mobi), car une table de navigation est créée automatiquement. La pagination n'a aucun sens, car le contenu d'une « page » change en fonction des préférences du lecteur : taille de la police, des marges, de l'interligne…

En revanche, si vous créez une table des matières cliquable au début du livre (et dénuée de pagination), vos lecteurs vous en seront sûrement reconnaissants selon le support sur lequel ils lisent. Autant avec l'appli Kindle sur ordinateur, il est facile de consulter et d'utiliser la table de navigation avec sa souris, autant sur la liseuse Kindle ou sur smartphone, c'est moins pratique, car l'écran est moins grand et qu'on fait tout au doigt (moins précis que la pointe de la souris, vous en conviendrez).

Les réflexions des deux paragraphes précédents sont valables pour les livres numériques au format epub que l'on peut vendre via les autres plateformes de vente en ligne (Kobo, Fnac,

Google Play, iTunes, etc.) et qui est le format le plus répandu de livre numérique. Si vous en vendez sur une boutique personnelle ou envoyez votre manuscrit sous ce format à un relecteur, c'est un incontournable.

Donc pour qu'il y ait une table des matières dans le corps du texte, il va falloir procéder en manuel pour éviter les erreurs de formatage. Cela dépend des plateformes, mais ça m'est déjà arrivé. Voici la procédure que je vous conseille pour avoir l'esprit tranquille :

Étape 1 : dans votre fichier, créez la table des matières sans pagination. **Références** > **Table des matières** > **Insérer une table des matières**. Dans la fenêtre qui apparaît, décochez la case **Afficher les numéros de page**, sélectionnez les niveaux de titre qui vous intéressent dans **Options**, puis validez.

Étape 2 : copiez la table dans un fichier Bloc-note pour en supprimer tout formatage (ou utilisez le logiciel gratuit Notepad++).

Étape 3 : effacez la table du fichier Word.

Étape 4 : copiez-collez le contenu du Bloc-note dans le fichier Word. Donnez-lui un style Normal, mais augmentez l'interligne à 1,5 ou 2 (pensez à ceux qui cliqueront sur leur liseuse avec leur doigt).

Étape 5 : ajoutez sur chaque titre ou sous-titre un lien hypertexte vers l'emplacement correspondant à l'intérieur du présent document.

Ce dernier point mérite peut-être davantage d'explications. Sélectionnez le titre du chapitre 1, puis allez dans l'onglet **Insertion > Lien hypertexte > Lier à : Emplacement dans ce**

document dans la colonne de gauche. Et tous vos titres et sous-titres apparaissent. Word les localise grâce à des balises appelées « signets ».

Il est possible aussi d'ajouter un signet à un endroit spécifique du texte sans pour autant lui donner un statut de titre. Pour ajouter un signet, positionnez votre curseur à l'endroit voulu ou sélectionnez les mots concernés, puis allez dans l'onglet **Insertion > Signet**, juste à côté de **Lien hypertexte**.

Astuce : ne supprimez pas les tabulations entre vos titres et les numéros de page. Sélectionnez plutôt votre table des matières et faites un clic droit dessus : **Paragraphe > Tabulations**. Dans **Position**, indiquez la limite extérieure en centimètres de vos numéros de page, sélectionnez l'alignement à droite, choisissez les points de suite qui vous conviennent (moi, je prends les pointillés), puis cliquez sur **Définir**. Les numéros de page seront bien alignés à droite, comme dans la table des matières d'origine.

Insérer une table des illustrations

À la fin de votre livre, il est tout à fait possible d'ajouter une table des illustrations (voir dans l'onglet **Références**), à condition d'avoir inséré une **Légende** au-dessus ou en dessous desdites illustrations (toujours dans l'onglet **Références**). Vous pouvez utiliser les mêmes réglages qu'expliqués plus haut au sujet de la table des matières.

Insérer un index

Vous pouvez aussi ajouter à la fin un index qui renverra vers différentes parties du texte, à condition d'y avoir disséminé des **Entrées** aux endroits voulus (onglet **Références**). Il est censé se trouver après la bibliographie. Par défaut, Word classe les entrées par ordre alphabétique et indique les numéros de page.

Pour ce guide, voici ce que j'ai fait :

- **dans les versions papier et pdf**, j'ai mis un index avec les numéros de page (c'est plutôt facile, ça demande juste du temps de lister tous les mots-clés potentiels, puis de relire tout le livre pour les ajouter aux endroits voulus) ;

- **dans les versions numériques epub et mobi**, j'ai mis un index sans les numéros de page puisque la notion de page n'a pas de sens pour ces formats. Pour cela, j'ai procédé comme pour la table des matières (voir plus haut) : j'ai copié-collé l'index dans un fichier Bloc-notes pour n'en conserver que le texte, puis je l'ai remis dans Word à la place de l'ancien index. Ensuite, j'ai remplacé les numéros de page par les mentions « Entrée 1 », « Entrée 2 », « Entrée 3 », etc. Enfin, j'ai ajouté des liens hypertextes vers les chapitres et sous-chapitres correspondants. Comme vous vous en doutez, cela prend un peu de temps.

4. En-têtes et pieds de page

Avant toute chose, si vous utilisez ces éléments, je vous conseille de faire preuve de discrétion pour qu'ils ne gênent pas la lecture du texte. Vous pouvez changer la taille (comme le texte, voire plus petite), la couleur (gris foncé), laisser en romain ou mettre en italique, centrer ou aligner à gauche ou à droite, jouer avec la **Règle**, ajouter des mots avant ou après le numéro de page ou la référence au style **Titre 1** (par exemple, les mots « Page » ou « Chapitre »), etc.

<u>Note</u> : quand vous travaillez dans votre texte, ces éléments apparaissent grisés, mais ils seront imprimés en noir (normalement la couleur par défaut). Si vous les voulez grisés, il faut double-cliquer sur la zone d'en-tête ou de pied de page et modifier leur couleur.

Pour un envoi à un éditeur

Le mieux reste de vérifier sur son site quelles sont ses préférences. Mais d'une manière générale, on peut préconiser les réglages suivants :

- en en-tête, je vous conseille de ne rien mettre ;
- en pied de page, je vous conseille de mettre la numérotation, le titre du manuscrit et votre nom d'auteur.

Voici la procédure : onglet **Insertion** > **Pied de page** > je vous conseille de choisir le modèle **Vide (3 colonnes)** pour mettre plusieurs éléments dans le pied de page. À gauche, vous pouvez mettre le titre du livre et votre nom. Puis, placez votre curseur dans la colonne de droite et, toujours dans l'onglet **Création**, cliquez sur **QuickPart** et choisissez **Champ > Page** pour ajouter le numéro de la page. Si votre livre est long, vous pouvez même afficher le titre du chapitre en cours en renouvelant l'opération : **Champ > RéfStyle > Titre 1**.

Writer : ces options sont accessibles dans le menu **Insertion > Pied de page**. Une fois votre curseur dans le pied de page, inscrivez-y votre contenu et, éventuellement, retournez dans le menu **Insertion > Champ > Titre**.

Pour de l'autoédition numérique

Pour les livres numériques au format pdf, je préconise les mêmes réglages que précédemment puisque le pdf est constitué de pages « figées » :

- En en-tête, je vous conseille de ne rien mettre, bien que j'aie déjà vu certains éditeurs faire le choix d'y indiquer le titre du livre et le nom de l'auteur.
- En pied de page, je vous conseille de mettre la numérotation, le titre du livre et votre nom d'auteur.

Ce format étant adapté à l'impression, il est bon que ces informations puissent figurer sur les pages (titre, auteur, numéro de page).

Comme moi pour ce guide dans sa version pdf, vous pouvez aussi opter pour les réglages d'un livre papier (voir juste après), avec des en-têtes renseignés et des pages paires laissées blanches pour que les nouveaux chapitres commencent sur une page impaire (page de droite).

Pour les livres numériques au format epub ou mobi, ce genre de choses me semble toutefois inutile, car elles réduisent la surface d'affichage disponible pour le texte (surtout sur les petits écrans des liseuses et smartphones) et que ces informations sont accessibles d'un clic.

De plus, comme je l'ai déjà dit en d'autres endroits de cet ouvrage, la numérotation n'a pas de sens dans ces formats numériques puisque le nombre de « pages » dépend des préférences de lecture sélectionnées. Notez qu'Amazon tente de normaliser cela en donnant un équivalent basé sur le nombre de caractères.

Pour de l'autoédition papier

Lorsqu'il s'agit d'éditer un livre en papier, auprès d'un imprimeur ou *via* un service d'impression à la demande comme CreateSpace (que j'utilise), Lulu ou Book On Demand, il y a certaines conventions à respecter.

- En en-tête, il est d'usage de mettre le titre du livre sur les pages paires (pages de gauche chez CreateSpace) et le titre du chapitre en cours sur les pages impaires (pages de droite), et que ces mentions figurent sur la partie extérieure des pages. On n'affichera toutefois rien en en-tête sur les premières pages du livre (voir chapitre 5), ni sur une page de titre de chapitre ou de titre de partie.

- En pied de page, on mettra généralement la numérotation. Elle est censée n'apparaître que sur les pages du texte proprement dit, mais pas sur les premières, ni sur les dernières pages du livre (voir chapitre 5 pour le chapitrage).

Note : l'en-tête est toutefois rarement renseigné dans les livres au format poche qui se veulent les plus compacts possible, davantage que la version grand format du même livre.

Note : selon les éditeurs, il arrive que le numéro de page ne soit pas en pied de page, mais en en-tête sur le côté extérieur de la page, avec le titre du livre et le titre du chapitre centrés respectivement sur la page de gauche et sur la page de droite. Les présentations choisies sont variables : petites majuscules, italique, effets de soulignement et d'enluminures, etc. Si vous vous autoéditez, vous pouvez jouer avec ces éléments, mais je vous conseille toutefois de faire preuve de sobriété pour ne pas gêner la lecture.

Procédure pour configurer vos en-têtes et vos pieds de pages

Cette partie s'adresse principalement à ceux d'entre vous qui veulent autoéditer leur livre en papier et en faire une version pdf imprimable.

Pour avoir un rendu pro et vraiment personnalisé, il convient de placer des sauts de section à la fin de chaque partie afin de pouvoir leur attribuer des en-têtes et pieds de page différents à chacune. Par « section » ou « partie », j'entends le plus souvent « chapitre », mais les sections sont aussi la page de titre, celle de faux-titre, la table des matières, les remerciements, les mentions légales, etc. Je donne plus de détails dans le chapitre 5.

À l'intérieur d'une section, il est possible de configurer différemment les pages paires et impaires, ainsi que la première page de la section. Autre fonction intéressante : on peut lier une section à la précédente pour qu'elle adopte des en-têtes et pieds de page basés sur le même modèle. Ou à l'inverse, ne pas lier au précédent pour gérer différemment ces éléments.

C'est l'ensemble de ces paramètres combinés qui rend parfois difficile le recours aux sections. Si je reformule autrement, dans chaque section, on peut souhaiter avoir :

- une première page (impaire) avec un en-tête vide et la numérotation en pied de page ;
- une seconde page (paire) avec le titre du livre en en-tête et la numérotation en pied ;
- une troisième page (impaire) avec le titre du chapitre (Titre 1) en en-tête et la numérotation en pied ;
- puis, toutes les pages paires et impaires basées sur le modèle de la deuxième et de la troisième page.

<u>Writer et Pages</u> : je vous conseille de consulter les Références sitographiques pour accéder à la FAQ d'OpenOffice ou au support d'Apple sur ce sujet afin de pouvoir transposer les conseils de ce guide dans Writer.

Étape 1. Les sauts de section.

Placez des sauts de section à la fin de chacune des pages du début (voir chapitre 5) et à la fin de chaque partie ou chapitre. En fait, vous devriez en mettre avant tous les Titres 1.

Pour cela, allez dans l'onglet **Mise en page > Sauts de pages** et choisissez d'insérer soit un saut de section vers la page suivante, soit vers la prochaine page paire ou impaire. Vous choisirez page impaire la plupart du temps pour que vos Titres 1 commencent sur une page de droite. Concrètement, il n'y a que deux endroits où j'ai mis des sauts de section vers la page suivante : la page de titre et celle des mentions légales, parce que j'avais quelque chose à écrire au verso.

<u>Note</u> : les pages paires laissées blanches ne sont pas affichées par Word, mais si vous regardez les numéros de page, vous verrez qu'elles sont prises en compte.

Étape 2. Le paramétrage des trois parties du livre.

En fait, on peut visualiser votre livre comme s'il était constitué de trois grandes parties aux en-têtes et pieds de pages différents : les pages du début, votre texte proprement dit et les pages de fin.

Rendez-vous sur la première page du texte proprement dit et double-cliquez sur la zone d'en-tête. Cochez **Première page différente** et **Pages paires et impaires différentes**, puis décochez **Lier au précédent**. De petits rectangles bleus bordent l'en-tête pour vous indiquer où vous êtes et quels paramètres sont sélectionnés. Reproduisez ensuite la même opération pour les pieds de page en utilisant le bouton **Atteindre le pied de page**. Normalement, toutes les modifications que vous ferez pour votre texte ne devraient pas affecter les premières pages du livre.

Répétez maintenant la même procédure sur la page qui suit immédiatement la fin du texte proprement dit. Ainsi, les pages de fin du livre pourront avoir une mise en page spécifique.

Étape 3. Le début du formatage.

Sur la seconde page du texte proprement dit (une page paire), paramétrez l'en-tête et le pied de page de la manière voulue. Par exemple : la numérotation alignée à gauche en pied de page (**Numéro de page** > **Bas de page**) et le titre du livre centré en en-tête (écrivez-le directement).

Définissez un style spécifique pour chacun de ces éléments, ainsi il vous sera facile d'homogénéiser leur aspect sur l'ensemble du livre. Pensez notamment à choisir une apparence discrète (petite taille, italique, couleur gris foncé) et dans **Format** > **Paragraphe**, à vérifier qu'il n'y ait pas un retrait indésirable à gauche (cela fausserait le centrage) et à mettre un espacement par rapport au texte (6 ou 12 points, par exemple).

Renouveler l'opération sur la page suivante (impaire) puisque vous avez coché **Pages paires et impaires différentes**. Par exemple : la numérotation alignée à droite en pied de page et le titre du chapitre centré en en-tête (dans l'onglet **Création**, cliquez sur **QuickPart** > **Champ** > **RéfStyle** > **Titre 1**). Donnez-leur la même apparence qu'à la page précédente grâce à la fonction **Style**. Il vous faudra peut-être créer un nouveau style si vous voulez aligner un élément côté extérieur de la page. Vous pouvez ajouter le mot « Chapitre » devant le numéro et le nom de chaque chapitre.

Puis, revenez sur la première page de la section dont l'en-tête et le pied de page sont normalement restés vides puisque vous avez coché **Première page différente**. Rappelez-vous qu'il est d'usage de ne rien mettre en en-tête lorsqu'il y a un **Titre 1** sur la page. Vous vous limiterez donc sûrement à la numérotation alignée à droite en pied de page.

Logiquement, tous ces paramètres devraient s'être appliqués à l'ensemble du texte de votre livre (puisque **Lier au précédent** est activé par défaut pour les sections qui suivent).

Étape 4. La suite du formatage.

Vérifiez tout votre texte et enlevez les en-têtes qui se seraient glissés sur la première page des sections suivantes, en cochant simplement la case **Première page différente**. Il vous faudra cependant rajouter la numérotation en pied de page, sauf si c'est un titre de partie.

Étape 5. Les pages à la fin du livre.

Occupez-vous de la même manière des pages de fin. Idéalement, chaque partie (voir chapitre 5 sur le chapitrage) devrait être une section différente et commencer sur une page de droite (impaire) sur laquelle l'en-tête serait laissé vide (puisqu'il s'agit d'une page avec Titre 1). Ajoutez le titre du livre ou la référence au titre du chapitre dans les pages suivantes.

Par convention, la numérotation devrait être absente de ces pages. Toutefois, par souci de commodité pour le lecteur, je déroge à la règle en numérotant les pages d'annexe de mes nouvelles autoéditées, car j'y présente le processus de création de l'histoire (pour moi, cela fait partie du texte proprement dit). J'arrête donc la numérotation à partir de la section « À propos de l'auteur ». Dans ce présent ouvrage, je me suis arrêté juste après la partie « Références sitographiques ».

Très sincèrement, j'ai conscience que ce tutoriel n'est pas forcément évident à suivre. Il faudrait que je réalise une vidéo pour vous montrer cela pas à pas sur mon écran. Si je me tiens à cette résolution, vous la trouverez bientôt sur ma chaîne YouTube, peut-être au cours de l'été 2016 : youtube.com/c/JeremieLebrunetAuteur

Si le mal est déjà fait, que faire ?

Le « mal », ce serait un bazar sans nom entre les sauts de page, les sauts de section, les fonctions **Lier au précédent**, le contenu des pages paires et des pages impaires, et la mise en forme de vos en-têtes et pieds de page.

Dans ce cas-là :

- soit vous supprimez tout le contenu des en-têtes et pieds de page, vous cochez partout **Première page différente**, **Pages paires et impaires différentes**, vous décochez partout **Lier au précédent**, puis vous recommencez patiemment votre paramétrage section après section ;
- soit vous repartez d'un document tout neuf dans lequel vous copiez-collez votre contenu pour redémarrer sur de bonnes bases. Sans doute faudra-t-il choisir dans les Options de collage (le petit logo qui apparaît à la fin de ce que vous venez de coller) la formule **Conserver le texte seulement** (cela vous obligera à redonner un style à chaque élément, voir chapitre 2).

Je ne sais pas quelle solution vous recommander en priorité. Cela dépendra de la « gravité » du bazar et de la complexité de votre formatage (là, je pense surtout au nombre de styles employés et à la façon dont vous les avez personnalisés).

<u>Astuce</u> : je me suis retrouvé longtemps dans l'incapacité de supprimer une double ligne marron introduite par le modèle d'en-tête **Alphabet**. En fait, lorsque le curseur est placé dans l'en-tête, il suffit de cliquer sur le style **Normal** dans l'onglet **Accueil**.

5. Chapitrage et autres réglages utiles

Les conseils de ce chapitre concernent surtout ceux qui s'autoéditent en numérique et en papier *via* une plateforme d'impression à la demande (CreateSpace, Lulu, etc.) ou *via* un imprimeur. Qu'il soit papier ou numérique, la structure globale du livre reste identique, même si vous verrez que certains conseils n'ont pas lieu d'être pour les formats numériques.

Si un éditeur retient votre manuscrit, c'est lui qui s'occupera de ces derniers réglages en fonction de ses propres choix.

Les nouveaux chapitres

Dans un livre papier, les nouveaux chapitres commencent par convention sur une page de droite (c'est-à-dire une page impaire). C'est la même chose pour les titres de partie, tout seuls sur une page de droite, ou pour les sections spéciales à la fin du livre (voir plus bas au sujet du chapitrage).

Pour réaliser cela et pour que ça ne bouge pas si vous rajoutez du texte dans le chapitre précédent, allez dans l'onglet **Mise en page** et cliquez sur le bouton **Sauts de page** pour en dérouler le menu : **Sauts de section > Page impaire**. Je vous invite à suivre le tutoriel du chapitre précédent sur la configuration de ces sections.

Note : Word n'affiche pas les pages paires laissées blanches entre deux chapitres. Mais si vous vérifiez les numéros de page, vous verrez que tout est normal.

Pour les livres numériques sans en-têtes ni pieds de page, vous pouvez simplement mettre des sauts de page (Ctrl + Entrée).

Chapitrage classique du livre papier autoédité

La page 1 est le recto de la feuille qui vient tout de suite après la couverture d'un livre papier et que la page 2 est son verso. Pour un livre numérique, ces pages seront simplement séparées par un saut de page ou de section.

Page 1 : page blanche.

Page 2 : page blanche.

Page 3 : page de faux titre qui ne contient que le titre et éventuellement un sous-titre (elle sert aux dédicaces et permet de s'amuser avec le titre).

Page 4 : page « Du même auteur » où les parutions de l'auteur sont listées en regroupant les titres par éditeur. Attention ici, pas de description (à mettre à la fin du livre). À laisser blanche s'il n'y a rien à indiquer.

Page 5 : page de titre complet, avec sous-titre, nom de l'auteur, nom de l'éditeur (ou la mention « Autoédition »).

Page 6 : page de copyright avec le numéro ISBN, nom de l'auteur, nom de l'éditeur (ou la mention Autoédition), adresse de l'éditeur (apparemment obligatoire), symbole copyright suivi de la date de publication, texte sur la propriété intellectuelle. Personnellement, je trouve que ça fait beaucoup, alors je préfère mettre l'adresse de l'éditeur (moi) et le texte sur la propriété intellectuelle à la fin du livre dans une partie « Mentions légales ». Selon moi, c'est d'autant plus important pour les livres numériques (voir la partie suivante à ce sujet).

Page 7 : si le livre est dédié à quelqu'un, c'est le moment de le faire, en lui réservant un verso blanc (page 8). Si ce n'était pas le cas, ce serait le bon endroit pour placer, dans l'ordre, vos préface, prologue, introduction, puis votre table des matières (voir chapitre 3). Si vous choisissiez de ne pas en mettre, le texte de votre livre pourrait débuter sur cette page 7.

Vous l'aurez compris, le début du texte peut être reporté en page 9 s'il y a une dédicace et au-delà s'il y a une table des matières. Veillez toutefois à ce que la première page du texte (titre de partie ou titre de chapitre) commence bien sur une page de droite (impaire).

<u>Note</u> : la numérotation des pages est censée figurer uniquement sur celles du texte proprement dit, mais pas sur les premières évoquées ci-dessus, ni sur les dernières que je vais décrire maintenant. Les contenus d'en-têtes ne devraient pas non plus apparaître sur les premières pages.

Après la fin du texte : vous avez la possibilité d'ajouter diverses sections comme « À propos de l'auteur » pour vous adresser directement à vos lecteurs si vous ne l'avez pas déjà fait en conclusion, leur dire où vous suivre sur Internet ou de laisser un avis sur votre livre ; « Du même auteur » avec un résumé des textes et où les trouver ; « À paraître » et « Remerciements ».

Avant-dernière page : les « Mentions légales » avec texte sur la propriété intellectuelle, nom et adresse de l'éditeur, mention du copyright avec le nom de l'auteur et l'année. Voici un exemple de ce que l'on peut écrire comme rappel sur la propriété intellectuelle : « Le Code de la propriété intellectuelle interdit les copies ou reproductions destinées à une utilisation collective. Toute représentation ou reproduction intégrale ou partielle, faite sans le consentement écrit de l'auteur et par quelque procédé que ce soit (connu ou à venir), est illicite et constitue une contrefaçon, aux termes des articles L.335-2 et suivants du Code de la propriété intellectuelle. »

Dernière page : Imprimé par… (nom et adresse de l'imprimeur, avec le cas échéant la mention « Impression à la demande ») et Date du dépôt légal : … (date de la déclaration et non pas de la première mise à disposition du public). Le dépôt légal est obligatoire et s'effectue auprès de la Bibliothèque nationale de France. Il suffit de procéder à la déclaration de votre livre sur leur site depotlegal.bnf.fr/accueil.do, d'imprimer le pdf de déclaration qu'ils vous fourniront ensuite, puis de mettre à jour votre livre, l'imprimer et leur envoyer par la Poste un exemplaire accompagné de la déclaration. L'envoi postal est gratuit, les postiers sont normalement au courant (insistez, sinon). Pour les livres numériques, le dépôt est facultatif. Il n'y a pas de démarche à réaliser : la BnF scanne le web automatiquement avec des robots et répertorie les publications numériques. Si vous publiez la version numérique avant la version papier, il vous faut quand même déposer un exemplaire papier, même si la numérique a été répertoriée par la BnF. Un type de dépôt ne se substitue pas à un autre.

Vous pouvez visionner mon tutoriel YouTube pour publier sur CreateSpace si vous souhaitez plus d'informations : goo.gl/OFYbAL.

Chapitrage du livre numérique autoédité

J'estime que l'on peut partir sur la même trame que pour le livre papier, à quelques différences près.

- Les pages blanches du début ne servent à rien.

- La page de faux titre ne sert à rien sauf si vous possédez un logiciel pour insérer des dédicaces personnalisées dans un livre numérique. À ce jour, je ne connais que Dedee qui permette cela (http://dedeecation.com/?fr), mais cela va sûrement se généraliser sur les salons ou pour les séances de dédicaces.

- On peut donc commencer le livre par la page de titre, sous-titre, nom de l'auteur et nom de l'éditeur (ou la mention « Autoédition »).

- Il est judicieux de positionner l'introduction avant la table des matières, car, sur les plateformes de vente en ligne, il est souvent proposé au lecteur de télécharger un extrait gratuit. Imaginez sa déception si la table des matières compte pour la moitié de l'extrait (c'est surtout vrai pour les livres à caractère informatif). Alors qu'avec l'introduction, le lecteur peut se faire une meilleure opinion du contenu de l'ouvrage et du ton employé par l'auteur.

- Pour les mêmes raisons, il est important de placer les « Mentions légales » et autres copyrights à la fin. Elles n'intéressent pas du tout le lecteur qui veut un extrait. Quant au lecteur qui a acheté le livre, cela lui permet de rentrer tout de suite dedans sans avoir à cliquer plusieurs fois pour passer cette partie.

Comment je formate un livre à autoéditer en papier et numérique

Personnellement, quand j'écris un livre comme celui que vous avez entre les mains, je structure mon fichier à la fois comme un livre papier *et* comme un livre numérique :

- papier : je le structure en sections avec les sauts vers une page impaire, je mets les en-têtes, les pieds de page, une table des matières et un index numérotés (je fais l'index à la fin, car les références rendent le texte illisible) ;
- numérique : je travaille sur un format A4 (plus confortable), j'insère des liens hypertextes vers des sites Internet, auxquels j'adjoins des liens courts faciles à recopier, et des liens internes au texte.

Puis, lorsque les corrections sont finies, que mon livre est complet et que je suis sûr de ne plus toucher à son contenu, je le duplique et en adapte trois copies :

- la première pour la transformation en pdf : je la laisse telle quelle en ajoutant une page supplémentaire au début avec l'image de couverture en pleine page, dans des proportions spécifiques qui correspondent au A4 (par exemple 2 000 pixels par 2 828) et en 300 dpi pour un beau rendu à l'impression, et il n'y a plus qu'à convertir en pdf avec Word ;
- la seconde pour le papier : je réduis la taille des pages, je modifie le style des liens hypertextes (noir et non souligné), je veille à ne pas compresser mes images lors de l'enregistrement et j'enregistre mon fichier Word en PDF/A compatible avec CreateSpace ;
- la troisième pour la transformation en livre numérique epub et mobi : je supprime les en-têtes, les pieds de page,

les pages blanches et certaines sections inutiles comme les pages 1 à 4 citées plus haut, et je remplace la table des matières et l'index selon le tutoriel décrit dans le chapitre 3. La table des matières est placée après l'intro pour les gens qui consulteraient un extrait. Pour transformer un fichier Word en epub téléchargeable sur n'importe quelle plateforme de vente (KDP incluse), vous pouvez utiliser Calibre, un logiciel gratuit. À ce sujet, vous pouvez consulter le livre de Charlie Bregman, *Ebook Facile* :

Lien court : goo.gl/eHuDuw

Veuves, orphelines et compagnie

En typographie, une « veuve » est une ligne isolée qui commence une page alors que le début de son paragraphe est resté sur la page précédente. Une « orpheline » finit une page toute seule alors que la suite du paragraphe est passée sur la page d'après. Un moyen mnémotechnique pour vous en souvenir : on dit dans l'ordre « veuves et orphelines », donc les veuves apparaissent les premières dans la page (en haut) et les orphelines en dernières (en bas).

Par convention, on évite ces lignes isolées pour les problèmes de compréhension que cela peut poser à la lecture, notamment dans le cas des veuves qui ne compteraient qu'un seul mot. Cela pourrait même être un demi-mot tout seul si vous avez accepté que Word fasse automatiquement la césure.

Pour paramétrer cela, faites un clic droit sur le style **Normal** > **Modifier** > **Format** > **Paragraphe** > onglet

Enchaînements. Il vous suffit de cocher les cases **Éviter veuves et orphelines** et **Ne pas couper les mots**.

De la même manière, on évitera que la ligne terminale d'une page puisse finir par un **Titre 2** ou par deux points.

Je ne connais pas de procédure automatisée pour appliquer ceci à l'ensemble de votre document. Il faudra l'inspecter en entier en sélectionnant les paragraphes concernés avant de faire un clic droit > **Paragraphe** > onglet **Enchaînements** > cochez **Lignes solidaires** ou **Paragraphes solidaires** (un petit carré noir apparaît dans la marge à gauche).

Dans un livre au format papier ou pdf, cela peut aller vite si vous vous occupez seulement des contrevenants. Mais dans un livre numérique au format epub dont l'affichage est « flottant », mieux vaut appliquer cette manipulation à tous les **Titres 2** et à tous les deux points. Toutefois, dans les fichiers mobi, malgré mes nombreux tests, l'application Kindle ignore la solidarité des paragraphes et affiche sans vergogne un **Titre 2** sur la dernière ligne de l'écran.

Voici des astuces pour parcourir très rapidement votre document.

- Pour les **Titres 2**, utilisez la fonction **Rechercher > Plus>>** et allez dans **Format > Style > Titre 2**.
- Pour les deux points, utilisez la fonction **Rechercher** : cliquez sur le bouton **Sans attributs** et décochez la case **Utiliser les caractères génériques**, puis tapez dans le champ de recherche Deux points *suivis de* ^13 (ou **Spécial > Marque de paragraphe**).

Le gris typographique : quésaco ?

Vous n'en avez peut-être jamais entendu parler ? C'était mon cas il n'y pas si longtemps et je remercie un ami auteur qui se reconnaîtra.

Rien à voir avec la couleur des caractères ! Cette expression désigne l'impression d'ensemble quand on regarde une page : des caractères noirs sur un fond blanc donnent une certaine teinte de gris. Et il est appréciable qu'elle soit la plus homogène possible, pour l'éditeur à qui vous envoyez votre manuscrit comme pour vos lecteurs si vous vous autoéditez, que ce soit en papier ou en numérique.

Police, taille, interligne, chasse, crénage, césure… Je suis loin d'être exhaustif, mais beaucoup de paramètres influencent la couleur de ce gris. C'est un sujet complexe et je ne vais pas m'aventurer dans des explications détaillées.

Disons simplement que l'homogénéité de ce gris peut être perturbée par l'irrégularité des espaces entre les mots d'une ligne à l'autre. C'est encore plus marquant lorsque le dernier mot de la ligne est long et se trouve rejeté à la suivante : de grands espaces apparaissent alors entre les mots à cause de la justification du texte. Parfois, s'il n'y a qu'un seul mot sur la ligne, il sera aligné à gauche et la deuxième moitié de la ligne sera carrément vide ! C'est d'autant plus fréquent et visible que le format du livre est étroit (papier au format poche ou numérique sur liseuse ou smartphone).

Si l'on revient à la teinte d'ensemble de la page, on a un bloc gris strié par des « rivières » de blanc et parfois coupé en deux par une barre presque blanche. Pas très esthétique, certes, mais ce n'est pas le plus grave. Le problème est plus insidieux : une trop grande irrégularité du gris typographique gêne le confort de lecture… Au point de fatiguer les yeux et de diminuer la mémorisation du contenu (je ne sors pas ça de mon chapeau : des labos étudient ce genre de choses).

Un bon réglage améliore donc la qualité de la lecture et a aussi l'avantage de diminuer la longueur du texte (jusqu'à 15 %). Cela limite donc la quantité de papier utilisée pour imprimer le livre. Cela signifie moins d'arbres coupés ! Ou moins de clics pour un livre numérique. Faites des tests sur votre fichier et observez le nombre de pages.

Quelles solutions adopter ?

On peut résoudre cela assez facilement avec InDesign (voir Références sitographiques), mais je ne maîtrise pas. Dans Word, on peut toutefois jouer sur certains paramètres.

- Réduire la longueur des mots : cela réduira la fréquence des lignes comptant peu de mots séparés par de larges espaces blancs. Pour cela, modifiez le style **Normal** au moyen du clic droit : **Format > Police > Espacement des caractères**. Réglez l'espacement sur **Condensé** et faites des tests avec des valeurs allant de 0,1 à 0,3.

- Autoriser la césure automatique des mots. Je recommande vraiment cela pour un roman au format poche. Onglet **Mise en page > Coupure de mots > Automatique**. Par convention, le nombre de césures consécutives ne devrait pas accéder 3. Vous pouvez paramétrer cela dans les options.

- Si vous ne voulez pas qu'il y ait trop de césures, vous pouvez soit jouer sur les options, soit éplucher l'ensemble de votre document en choisissant **Coupure de mots > Manuelle**. Vous pourrez alors choisir au cas par cas selon ce que vous propose Word.

<u>Writer</u> : je n'ai pas trouvé comment gérer les espacements entre les caractères. Si quelqu'un sait comment faire, merci de m'envoyer un e-mail (voir Mentions légales), je mettrai ce livre à jour pour les autres lecteurs ☺.

Autre possibilité d'amélioration : consultez le chapitre suivant sur les espaces insécables. Si elles sont mal placées (par exemple entre deux mots ordinaires), elles peuvent être la cause d'espacements excessifs sur certaines lignes.

PARTIE 2
Typographie

6. Les fameuses espaces dont le genre est féminin, qu'elles soient sécables ou insécables

Oui, aussi étonnant que cela puisse paraître, en typographie, les espaces sont de genre féminin.

Je voudrais tout de suite préciser qu'il en existe deux types principaux : les sécables (qui autorisent la séparation des mots qu'elles relient) et les insécables (qui ne l'autorisent pas). C'est la deuxième catégorie qui est importante, car elle permet de relier deux mots ou deux caractères entre eux de façon rigide. Même s'il n'y a plus de place en bout de ligne, le second ne sera pas envoyé tout seul à la ligne suivante, ce seront les deux mots qui s'y retrouveront. L'utilité de l'espace insécable est d'améliorer la lisibilité du texte en laissant groupés les éléments qui ont du sens ensemble.

D'une manière générale, il y a deux principes à retenir :

- les signes de ponctuation haute ?, !, : et ; (constitués de deux éléments) sont précédés d'une espace insécable et suivis d'une espace sécable. C'est aussi le cas des signes mathématiques. La virgule et le point sont des signes de ponctuation basse, ils sont collés au mot qui les précède et suivis d'une espace sécable. Quant à l'apostrophe, elle est collée aux mots qui l'encadrent ;

- on veille à ce qu'aucun symbole ne commence une ligne, que ce soit le début, le milieu ou la fin d'un paragraphe. Exception : les tirets cadratins et les guillemets en début de paragraphe pour signaler le début d'un dialogue ou une nouvelle réplique (voir respectivement chapitres 7 et 8).

Respecter le premier principe permettra au lecteur de comprendre plus directement si la phrase est une question, une exclamation, la fin d'une citation ou si elle introduit un dialogue… Cela évitera aussi que le signe terminal d'un paragraphe ne se retrouve tout seul sur une nouvelle ligne, perdu au milieu de rien.

Cette histoire de lisibilité est encore plus flagrante lorsqu'il s'agit des grands nombres écrits en chiffres : les classes des milliards, millions, milliers et unités simples sont séparées par une espace insécable, ce qui facilite leur lecture et empêche que la moitié du nombre ne soit sur une ligne et que l'autre moitié ne se retrouve sur la suivante. Idem pour relier le nombre et l'unité de mesure qui le suit (km, mg, € et même %), pour les heures, les coordonnées géographiques, les formules mathématiques, et, de manière plus souple, les dates (plus d'informations au chapitre 11 sur les nombres). Peut-être cela vous semble-t-il anecdotique, mais cela peut avoir un impact sur le confort et la qualité de lecture sur le long terme, comme le gris typographique dont je parle à la fin du chapitre précédent. D'autant que, nous allons le voir un peu plus loin, des espaces insécables mal placées peuvent affecter ce gris.

Je ne rentrerai pas dans tous les cas particuliers et les exceptions, ce n'est pas le sujet de ce livre dans lequel je souhaite me concentrer sur des conseils simples et faciles à retenir. Le *Lexique de l'Imprimerie nationale* est là pour ça (voir Références sitographiques).

Comment savoir si j'ai mis des espaces sécables ou insécables ?

La première chose à faire est d'activer dans l'onglet **Accueil** la fonction **Afficher tout** représentée par le symbole ¶, qui s'appelle « pied-de-mouche » (amusant, non ?) et délimite la fin des paragraphes : vous verrez des symboles apparaître pour représenter les touches sur lesquelles vous avez appuyé. Le point milieu de ligne · pour les espaces ordinaires, un rond plus gros que celui des degrés ° pour les insécables, le pied-de-mouche ¶, une flèche → pour les tabulations, et parfois une petite flèche coudée ↵ pour les retours chariot (expression qui date de l'époque des machines à écrire…) surtout quand vous copiez-collez du texte depuis Internet. Il y a aussi les sauts de colonnes, de page et de sections qui sont matérialisés par des doubles lignes pointillées.

C'est une fonction très utile ! Tellement que je n'imaginerais plus m'en passer pendant des corrections ou du formatage (je la laisse tout le temps activée).

Writer : vous pouvez tout afficher en appuyant sur Ctrl + F10. Les insécables sont des points milieu de ligne grisés.

Pages : menu **Présentation > Afficher les caractères invisibles**.

Scrivener : aller dans **Format > Options > Afficher les caractères invisibles**. Sauf qu'on ne voit pas la différence entre les sécables et les insécables, toutes matérialisées par un simple point… Cependant, lorsque l'on compile le projet en un fichier.docx et qu'on l'ouvre avec Word, les insécables sont à l'endroit voulu. Pas très pratique, il faut bien l'avouer.

<u>Note</u> : le retour chariot ↵ est très utile pour afficher un titre de chapitre ou de partie sur deux lignes ou plus, car si vos styles sont paramétrés comme je le conseille au chapitre 2, lorsque vous appuierez sur Entrée, cela créera un nouveau paragraphe et enverra la deuxième moitié du titre sur une nouvelle page… Pour faire un retour chariot dans Word ou dans Writer, appuyez sur Maj + Entrée. Le titre et le sous-titre de ce guide au tout début du livre, ainsi que les titres des trois parties, sont conçus de cette manière.

PARTIE·1·
Mise·en·page·
et·formatage

Les deux retours chariot (Maj + Entrée) sont symbolisés par la petite flèche coudée ↵.

<u>Note</u> : si toutefois vous vouliez remplacer les retours chariot par des sauts de paragraphe, voici quoi faire dans Word :

- **Rechercher** : ^|
  Remplacer : ^p

<u>Writer</u> : tapez \n dans chaque champ.

Pour revenir à notre propos, soyez rassuré : Word met automatiquement des insécables à la plupart des endroits où il en faut. Le hic, c'est que si vous rajoutez des mots *entre* l'espace insécable et le signe de ponctuation qui la requière, l'insécable se trouvera entre deux mots ordinaires et aura été remplacée par une espace sécable. Comme je l'ai dit un peu plus haut, cela peut sembler anodin, mais le mauvais positionnement de ces espaces insécables peut produire des effets assez désagréables à l'œil en perturbant le gris typographique (voir à la fin du chapitre précédent).

Par exemple, sur l'image ci-dessous, voici un avant-après. Une phrase simple (à gauche) que l'on enrichit (à droite). J'ai volontairement affiché le texte sur des colonnes étroites pour pouvoir mettre les deux images côte à côté, mais ça reste valable pour un affichage plus large. L'espace insécable du point d'interrogation se retrouve entre « mauvais » et « pas » provoquant des espacements excessifs entre les mots de la première ligne et le point d'interrogation se retrouve tout seul sur la dernière ligne.

Lors des corrections, l'insécable a été déplacée, ce qui modifie fâcheusement l'apparence des lignes.

Si le mal est déjà fait, que faire ? Procédure complète pour mettre des espaces insécables partout où elles manquent

Même si l'on est vigilant et que l'on travaille avec la fonction **Afficher tout** activée en permanence, il y a de fortes chances pour que des espaces insécables ne soient pas à leur place, avec plus ou moins d'impacts sur la facilité de compréhension du texte et le confort de lecture.

Dans Word, pour insérer une espace insécable, il suffit d'appuyer sur Ctrl + Maj + Espace. Mais vérifier et corriger tout un manuscrit risque vite de devenir fastidieux et il est difficile de faire preuve d'une vigilance constante d'un bout à l'autre d'un long texte. Je considère cela comme infaisable. D'où ce tutoriel de correction.

Nous allons donc utiliser la fonction **Remplacer** de Word pour normaliser les espaces insécables d'un texte, aussi long et plein d'erreurs soit-il.

<u>Writer</u> : Ctrl + Maj + Espace, comme dans Word.

Toutefois, il est impossible de taper Ctrl + Maj + Espace dans les champs **Rechercher** ou **Remplacer**, et je n'ai pas réussi à trouver le code équivalant à celui de Word. Il vous faudra donc en copier un depuis votre texte, puis le coller dans le champ souhaité.

Dans ce tutoriel, je vous fournis une adaptation des codes propres à Word à chaque étape où c'est nécessaire, mais n'hésitez pas à consulter l'aide de Writer : sélectionnez **Caractères invisibles > Afficher**. Cliquez sur **Liste de caractères génériques** en bas de la fenêtre d'aide. Vous trouverez des informations complémentaires dans la documentation en ligne d'OpenOffice :
Lien court : goo.gl/Cycp8K

<u>Pages</u> : Ctrl + Espace ou Option + Espace.

<u>Scrivener</u> : on fait l'espace insécable avec Ctrl + G suivi de Ctrl + W, ou en allant dans **Éditer > Insérer**. Par contre, les

options de recherche et de remplacement sont assez peu évoluées (ce que je déplore). En tout cas, je n'ai pas trouvé grand-chose sur Internet, même sur leur forum… Pour appliquer ce tutoriel, j'ai bien peur qu'il vous faille exporter l'ensemble de votre document dans Word ou Writer grâce à la fonction **Compiler**. Ainsi, vous pourrez le modifier, puis le copier-coller dans Scrivener pour le retravailler ou l'exporter dans les formats epub ou mobi. Si vous trouvez une solution pour éviter ce transfert de logiciel, n'hésitez pas à m'écrire, je mettrai ce livre à jour pour que d'autres en profitent.

Je conseille vivement aux utilisateurs de Scrivener de lire cet article de Lionel Davoust qui met gracieusement à disposition un fichier aidant à paramétrer Scrivener pour qu'il place automatiquement des insécables aux endroits requis :

Lien court : goo.gl/Iv4fAV

Le tutoriel que nous allons maintenant voir ensemble est le plus long de ce guide, mais si vous y allez étape par étape, vous réussirez et vous gagnerez vraiment en qualité d'affichage et de lisibilité pour votre texte (repensez à ce que je disais au sujet de l'impact sur la fatigabilité oculaire du lecteur et sur la mémorisation).

Étape 0. Optionnelle : si vraiment vous avez trop de doutes sur la qualité typographique de votre texte ou que vous constatez qu'il y a plein d'espaces insécables entre des mots ordinaires, je vous conseille purement et simplement de remplacer toutes les insécables par des sécables, pour ensuite mieux les remettre ! Oui, ça peut paraître un peu radical, mais ça facilitera les choses et vous évitera d'avoir à faire l'étape 5.

- **Rechercher** : Ctrl + Maj + Espace.
  Remplacer : Espace.

Étape 1. S'assurer qu'il y a des espaces insécables partout où il en faut.

Nous allons d'abord nous assurer qu'il ne manque d'espace nulle part. Lorsque l'on réécrit une phrase, il peut par exemple arriver qu'un point d'interrogation se retrouve collé au mot qui le précède. Nous allons donc rajouter des espaces insécables partout, même si ça fait doublon (nous les enlèverons ensuite).

Pour cela, voici un tableau récapitulatif de tous les signes qui nécessitent une espace insécable avant ou après, et de ce qu'il convient de taper dans les champs **Rechercher** et **Remplacer**. Les mots en italique servent juste à vous donner des indications, ils n'ont pas à être tapés.

Rechercher	Remplacer
?	Ctrl + Maj + Espace *suivi de* ?
!	Ctrl + Maj + Espace *suivi de* !
:	Ctrl + Maj + Espace *suivi de* :
;	Ctrl + Maj + Espace *suivi de* ;
– *(tiret demi-cadratin)*	Ctrl + Maj + Espace *suivi de* – *suivi de* Espace
Tous les symboles utilisés : +, =, >, <, €, $, %, etc.	Ctrl + Maj + Espace *suivi de* Symbole
»	Ctrl + Maj + Espace *suivi de* »
«	« *suivi de* Ctrl + Maj + Espace
— *(tiret cadratin)*	— *suivi de* Ctrl + Maj + Espace

Note : pour plus d'informations sur les tirets cadratins et demi-cadratins, voir chapitre 7.

Note : la règle voudrait que l'on mette une insécable avant chaque symbole pour éviter qu'il ne commence une ligne. Mais en cas d'énumération de symboles, le bon sens commande de ne pas mettre ces insécables pour ne pas constituer un bloc énorme qui pourrait passer à la ligne suivante et créer de larges espaces entre les mots. Cela perturberait le gris typographique du paragraphe. Par exemple, dans l'une de mes nouvelles, j'ai l'énumération suivante : « [...] les clones des espèces #11, #23, #25, #28 et #42. » J'ai délibérément choisi de ne pas mettre d'insécables entre les virgules et les #, seulement entre le « et » et le dernier terme.

Writer : il est nécessaire de copier-coller l'espace insécable depuis le texte.

Étape 2. Supprimer toutes les espaces surnuméraires : les doubles espaces sécables, les doubles espaces insécables et les combinaisons sécable suivie d'insécable et insécable suivie de sécable (cela concerne donc celles que nous avons ajoutées à l'étape 1). Toutes ces combinaisons sont à remplacer par une espace sécable puisqu'on ne sait pas dans quel contexte elles se trouvent. Nous allons sûrement remplacer par des sécables certaines insécables indispensables rajoutées à l'étape 1, mais nous rétablirons cela à l'étape 4.

- **Rechercher** : ^w^w ce qui signifie « Deux espaces, qu'elles soient sécables ou insécables ».
  Remplacer : Espace.

Cliquez plusieurs fois sur la touche **Remplacer tout** tant que vous aurez des résultats.

<u>Writer</u> : cochez **Expressions régulières**.
- **Rechercher** : [:space:][:space:]

Étape 3. Supprimer toutes les espaces mal placées qu'il pourrait y avoir avant les virgules, les points et les points de suspension, celles qui seraient côté intérieur des parenthèses et des crochets, et celles qui encadreraient les apostrophes et les tirets quarts de cadratin, qu'elles soient sécables ou insécables. Pour éviter de faire deux fois cette manip, une fois pour les sécables et une fois pour les insécables, nous utiliserons le code ^w pour désigner les deux types d'espace à la fois.

- Pour les virgules, voici quoi faire. Recommencez ensuite pour les points et les points de suspension.
  Rechercher : ^w *suivi de* Virgule.
  Remplacer : Virgule.
- À l'intérieur des parenthèses et des crochets. Ces signes doivent normalement être collés aux mots qu'ils encadrent. Faites donc ceci :
  Rechercher : Parenthèse ouvrante ou crochet ouvrant *suivi de* ^w.
  Remplacer : Parenthèse ouvrante ou crochet ouvrant.
  Puis, faites ceci :
  Rechercher : ^w *suivi de* Parenthèse fermante ou crochet fermant.
  Remplacer : Parenthèse fermante ou crochet fermant.

- Faites de même pour l'apostrophe et le tiret quart de cadratin : il ne doit y avoir aucune espace avant, ni aucune espace après.

  Rechercher : ^w *suivi de* Apostrophe, dans un premier temps ; puis Apostrophe *suivie de* ^w dans un second temps. Recommencez pour le tiret.

<u>Writer</u> : tapez simplement [:space:] à la place de ^w.

Étape 4. : Remplacer les sécables par des insécables partout où c'est nécessaire : nous allons passer en revue tous les cas qui requièrent une espace insécable et nous assurer qu'il n'y ait pas une sécable à la place, ce qui doit être le cas presque partout à cause des étapes 1 et 2.

Voici un tableau récapitulatif de tous les cas de figure :

Rechercher	Remplacer
Espace *suivie de* ?	Ctrl + Maj + Espace *suivie de* ?
Espace *suivie de* !	Ctrl + Maj + Espace *suivie de* !
Espace *suivie de* :	Ctrl + Maj + Espace *suivie de* :
Espace *suivie de* ;	Ctrl + Maj + Espace *suivie de* ;
Espace *suivie de* –	Ctrl + Maj + Espace *suivie de* –
Espace *suivie de* Symbole (+, =, >, <, €, \$, %)	Ctrl + Maj + Espace *suivie de* Symbole
Espace *suivie de* »	Ctrl + Maj + Espace *suivi de* »
« *suivi de* Espace	« *suivi de* Ctrl + Maj + Espace
— *suivi de* Espace	— *suivi de* Ctrl + Maj + Espace

<u>Writer</u> : pour l'espace sécable, appuyez sur Espace. Pour l'insécable, copiez-collez-la depuis votre texte.

Étape 5. Rechercher toutes les insécables qui seraient inutiles, entre deux mots qui devraient être séparés par une espace sécable et *après* la plupart des signes de ponctuation. Seuls les guillemets doubles chevrons ouvrants et les tirets cadratins requièrent une insécable après. Si vous avez fait l'étape 0 du début du tutoriel, cette étape-ci est inutile.

- Les espaces insécables entre deux mots. Vous allez avoir besoin de la commande **Toute lettre**, présente dans la partie basse de la fenêtre : **Plus>> > Spécial > Toute lettre**.

  Rechercher : ^$^s^$ ce qui signifie « Toute lettre ^$ suivie de Espace insécable ^s suivie de Toute lettre ^$ ». Remplacez au cas par cas en intervenant directement dans le texte. Si toutefois vous constatiez qu'il y en a trop et que les corrections sont ingérables, reprenez ce tutoriel à l'étape 0. Oui, je vous l'accorde, c'est un peu dur, mais c'est pour le bien de votre texte !

  <u>Writer</u> : cochez **Expressions régulières**, tapez [:alpha:], copiez-collez une insécable et tapez [:alpha:].

- Les espaces insécables après tous les signes possibles, sauf les guillemets doubles chevrons ouvrants et les tirets cadratins. Cela concerne donc : la virgule, le point, les points de suspension, tous les signes de ponctuation haute ?, !, ; et :, ainsi que les symboles comme % ou €.

  Rechercher : Signe voulu *suivi de* Espace insécable.

  Remplacer : Signe voulu *suivi de* Espace.

- Mais comme certains de ces signes peuvent être suivis de guillemets doubles chevrons fermants (en fin de dialogue ou en cas de citation), nous allons nous assurer que tout est en ordre :

Rechercher : Espace *suivie de* Guillemets doubles chevrons fermants.

Remplacer : Espace insécable *suivie de* Guillemets doubles chevrons fermants.

Étape 6. Supprimer toutes les espaces en début et en fin de paragraphe.

En début, elles créent un décalage de la première ligne du paragraphe par rapport aux autres. En fin, elles n'ont pas d'impact visuel, mais ces deux types d'espaces inutiles gonflent inutilement le nombre de signes dans votre texte (important si vous répondez à un appel à texte).

- **Rechercher** : ^p^w ce qui signifie « Changement de paragraphe ^p suivi d'une espace sécable ou insécable ».
  Remplacer : ^p.
- **Rechercher** : ^w *suivi de* ^p ce qui signifie « N'importe quelle espace, qu'elle soit sécable ou insécable » (voir chapitre 6).
  Remplacer : ^p. Effectuez le remplacement deux fois, pour les fins de paragraphe qui auraient deux espaces.

<u>Writer</u> : cochez **Expressions régulières**.

- **Rechercher** : ^[:space:] et laissez le champ **Remplacer** vide.
- **Rechercher** : [:space:]$ et laissez le champ **Remplacer** vide.

Étape 7. Normaliser les nombres et les formules mathématiques.

Pour la bonne lisibilité des nombres, il est nécessaire qu'il y ait des espaces insécables pour séparer les classes des milliards, millions, milliers et unités simples. Normalement, Word remplace automatiquement les sécables par des insécables en cours de frappe, mais si vous avez modifié ces nombres, cela peut avoir réintroduit des sécables.

La nécessité d'espaces insécables pour constituer des groupes de trois est également vraie pour les chiffres qui se trouvent après la virgule en allant vers la droite. Heureusement, ce cas est plutôt rare, sauf si vous utilisez l'écriture scientifique des nombres ou que vous citez régulièrement le nombre π avec ses cinquante premières décimales ! Le problème, c'est que Word ne remplace pas automatiquement l'espace sécable qui suit le premier groupe de trois chiffres (la virgule doit le perturber).

Exception à cette règle des espaces : les années à quatre chiffres comme l'an 2000.

Il est également nécessaire d'ajouter une espace insécable entre le nombre et son unité de mesure abrégée ou le symbole qui le suit : 1,2°cm ou 14°%. Pour de plus amples informations sur ces règles, voir le chapitre 11.

Voici maintenant quoi faire avec Word. Pour Writer, voir plus bas.

- S'il y a peu de nombres dans votre livre, faites simplement une recherche où vous tapez **Tout chiffre** trois fois pour accéder à tous vos grands nombres puis avisez au cas par cas s'il faut ajouter une espace insécable ou remplacer l'espace sécable. Ouvrez le volet **Plus>> > Spécial > Tout chiffre**.

- S'il y a beaucoup de nombres dans votre livre, je suppose que vous avez déjà mis des espaces pour améliorer leur lisibilité. Mais peut-être des sécables se sont-elles glissées dedans sournoisement. Cochez la case **Utiliser les caractères génériques** et faites la manipulation suivante.
Rechercher : ([0-1-2-3-4-5-6-7-8-9]) *suivi de* Espace *suivie de* ([0-1-2-3-4-5-6-7-8-9]). Ces codes entre parenthèses signifient « N'importe quelle expression contenant les chiffres indiqués entre crochets ».
Remplacer : \1^s\2. Chaque \ indique de garder l'expression correspondante du champ rechercher à l'identique et ^s placera entre elles une espace insécable. Décochez les caractères génériques.

- Pour ce qui est de lier nombres et unités de mesure abrégées par des insécables, si vous pensez avoir collé les nombres à leurs unités de mesure, faites ceci :
Rechercher : Unité de mesure (cm, €, kg, %, etc.).
Remplacer : ^s *suivi de* Unité de mesure. Par mesure de précaution, supprimez toutes les espaces surnuméraires de votre texte (voir étape 2 de ce tuto), puis faites ceci :
Rechercher : Espace *suivie de* Unité de mesure.
Remplacer : ^s *suivi de* Unité de mesure. Le cas échéant, pensez aussi au « h » des heures en fonction du type de format que vous avez choisi.

- Pour les formules mathématiques écrites sans utiliser la fonction **Équation**, il est d'usage de lier par une espace insécable un symbole au nombre qui le précède. Par exemple (j'affiche exprès les insécables) : 4°+ (8°- 4)°= 8. À vous d'adapter les recherches du tableau de l'étape 4 selon les symboles utilisés. Si toutefois vous écriviez un ouvrage contenant beaucoup de formules bien plus complexes, consultez la partie Références sitographiques de cet ouvrage.

<u>Writer</u> : pour les deux premiers points, voici un tutoriel équivalent. Cochez **Expressions régulières**.

- **Rechercher** : [:digit:]{3}
- **Rechercher** : ([:digit:])[:space:]([:digit:])
  Remplacer : $1 *suivi de* Espace insécable *suivie de* $2

7. Du bon usage des tirets

Il existe trois sortes principales de tiret :

- le cadratin : —
- le demi-cadratin : –
- le quart de cadratin : -

Vous pouvez tous les trouver dans l'onglet **Insertion > Symbole**, taper leur raccourci clavier ou paramétrer Word pour qu'il corrige automatiquement pendant la frappe (voir plus bas).

Le tiret cadratin

Ce tiret est un tiret de dialogue (voir chapitre 10). Il a environ la largeur de la lettre « M ». C'est lui qui, suivi d'une espace insécable (Ctrl + Maj + Espace), introduit les paroles de vos personnages. Il est aussi appelé EM DASH dans la table des symboles (Unicode 2014). Vous pouvez en insérer un en appuyant sur la combinaison de touches Ctrl + Alt et le - du pavé numérique si votre clavier en a un. Il démarre toujours un nouveau paragraphe et est suivi d'une espace insécable (voir chapitre 6).

Si vous le faites suivre d'une espace sécable, bien souvent Word transformera votre paragraphe en liste à puces avec un retrait différent du reste de votre texte. Soyez donc vigilant sur ce point pour éviter un formatage calamiteux comme les trois paragraphes qui suivent :

Il fulminait intérieurement. Que son document fût à reformater entièrement après ces mois de travail le mettait hors de lui.

— Personne ne m'avait prévenu que le tiret cadratin pouvait provoquer une mise en forme automatique ! cria-t-il.

Il allait devoir reprendre tout son document pour lui donner une apparence plus sérieuse… Si seulement il l'avait su avant.

<u>Writer</u> : selon vos paramètres, le cadratin peut se faire avec Ctrl + Maj + la touche - du pavé numérique. Ou alors, il faut le chercher parmi les caractères spéciaux.

À la place de ces raccourcis clavier, il vous est possible d'utiliser les options de correction automatique pour que Word et Writer vous corrigent pendant que vous écrivez.

Pour Word, cliquez sur le **Bouton Office** > **Options Word** > **Vérification** > **Options de correction automatique** et cochez **Correction en cours de frappe**. Dans la table, vous pouvez rechercher, modifier, supprimer ou créer des corrections à appliquer pendant que vous tapez. Par exemple : deux tirets quart de cadratin -- consécutifs sont transformés en demi-cadratin – ou trois tirets quart de cadratin --- sont transformés en cadratin — suivi par une espace insécable.

Toujours dans cette fenêtre (j'anticipe sur le tiret d'après), allez dans chacun des onglets **Lors de la frappe** et **Correction automatique**, et cochez-y les cases **Traits d'union (--) par un tiret demi-cadratin (–)**.

Le tiret demi-cadratin

Ce tiret est un tiret d'incise : il permet d'insérer une réflexion en cours de narration ou de dialogue, comme une phrase dite en aparté à quelqu'un d'autre ou à propos d'un sujet totalement différent – c'est d'ailleurs ce que je fais ici.

Si l'aparté intervient à la fin de la phrase, elle se termine sans second tiret par un point (comme ci-dessus), un point d'interrogation, d'exclamation ou de suspension. C'est aussi le cas si l'aparté est suivi d'un point-virgule ou de deux points. Il est également possible que l'aparté soit constitué de deux phrases – vous n'en avez jamais vu ? Cela ressemble à ceci – et soit malgré tout encadré de deux tirets demi-cadratins, avec un signe de ponctuation séparant ces phrases. Ici, le plus important est que cela reste compréhensible. À vous de juger. En cas de doute, relisez à haute voix.

Si elle intervient en milieu de phrase – comme c'est le cas ici –, elle est encadrée par deux tirets et peut même être suivie d'une virgule, si la construction de votre phrase en requiert une à cet endroit-là.

Il est appelé aussi EN DASH dans la table des symboles (Unicode 2013). Vous pouvez en insérer un en appuyant sur la touche Ctrl et le - du pavé numérique si votre clavier en a un. Il est d'usage de mettre une espace insécable avant ces tirets et une sécable après, pour éviter qu'ils se retrouvent au début d'une ligne.

J'ai trouvé des sources qui indiquent de les traiter comme des guillemets avec l'insécable côté intérieur de la phrase qu'ils encadrent, mais il y a le risque que l'on croie à un début de réplique si l'on voit ce demi-cadratin en début de ligne (de toute façon, Word n'accepte pas cela, essayez et vous verrez). Bref, je renouvelle mon conseil du chapitre 6 : évitez les signes en début de ligne, sauf pour signaler une réplique (guillemets ouvrants et cadratins).

Par défaut, Word transforme le tiret quart de cadratin s'il est suivi d'une espace et d'un mot, si vous appuyez sur Espace après ce mot. Testez en écrivant ceci :

mot°-·mot|

Le petit rond représente une espace insécable avant le tiret et le point représente une espace sécable après. Mettez votre curseur là où j'ai mis une barre et appuyez sur Espace. Normalement, Word le transforme. Par contre, si votre tiret quart de cadratin est suivi par une virgule, Word ne fera pas la correction automatique. Il faut donc ruser en la rajoutant après.

Comme je le mentionnais à la fin de la partie sur le tiret cadratin, vous pouvez paramétrer Word pour qu'il transforme automatiquement deux tirets quart de cadratin en tiret demi-cadratin. Pour cela, cliquez sur le **Bouton Office** > **Options Word** > **Vérification** > **Options de correction automatique**, allez dans chacun des onglets **Lors de la frappe** et **Correction automatique**, et cochez-y les cases **Traits d'union (--) par un tiret demi-cadratin (–)**.

Le tiret quart de cadratin

Appelé aussi trait d'union, il sert à accrocher deux mots renvoyant à des choses différentes pour en former un nouveau. Par exemple : Jean + Marie = Jean-Marie ; gratte + ciel = gratte-ciel ; grand + mère = grand-mère (différent d'une mère qui serait grande).

Beaucoup de mots et d'expressions l'utilisent : demi-cadratin, celui-ci, ce soir-là, là-bas, moi-même, soi-disant, quelques-uns, etc. La liste est longue.

Il sert aussi à :

- couper les mots en deux à la syllabe ;
- former les phrases interrogatives, lorsqu'on inverse le sujet et le verbe : suis-je au bon endroit ? Utilisé-je correctement le tiret ?
- construire les incises de dialogue : « Oui », répondit-il. Plus d'informations au chapitre 10.

Certaines expressions faites de plusieurs mots n'ont pas de tirets ou n'en ont qu'un seul : s'il vous plaît, parce que, est-ce que ?, n'est-ce pas ?, etc. Je le dis parce que je vois parfois ces expressions écrites autrement.

Ce tiret se trouve sur la touche 6 et sur le pavé numérique. Il n'a d'espaces ni avant, ni après, les mots qu'il assemble lui sont accolés.

Le symbole mathématique « moins »

Il s'agit encore d'un autre tiret, portant un autre nom et un autre code dans la table des symboles, mais sa longueur correspond en gros à celle d'un tiret demi-cadratin. Alors, ne vous cassez pas la tête avec lui !

Si le mal est déjà fait, que faire ?

Hum… pas évident comme question ! Tout dépend de ce que vous avez déjà fait dans votre document et du système de formatage des dialogues que vous avez choisi (voir chapitre 10). À vous de voir selon votre situation, mais je vais tâcher de vous donner quelques idées pour résoudre les problèmes les plus courants.

Vous pourriez avoir besoin de corriger ou homogénéiser vos tirets introducteurs de dialogue (idées 1 et 2), ou de corriger les espaces qui encadrent vos demi et quarts de cadratins dans les paragraphes (idée 3), ou encore de remplacer des tirets d'aparté par des parenthèses dans les dialogues en formatage moderne (idée 4) ou, à l'inverse, de remplacer les parenthèses de la narration par des demi-cadratins d'aparté (idée 5).

Idée 1. Si vous avez mis une espace sécable après vos tirets de dialogue : qu'ils soient cadratins, demi ou quarts de cadratin, Word a dû appliquer une mise en forme automatique en transformant vos répliques en liste à puces. Là où nous allons devoir ruser, c'est pour identifier ces paragraphes, car le tiret a acquis le statut de puce et n'est plus un caractère du texte… Quant à l'espace insécable, elle est devenue une tabulation.

Nous allons donc transformer toutes les listes de votre livre en paragraphe normal commençant par un tiret cadratin et une espace insécable. Si vous avez écrit un roman, cela ne devrait pas vous poser de problème, car il n'y a normalement pas de listes à puces dans ce genre d'ouvrage ou si peu (je mets quelques listes dans les dernières pages de mes livres). Si vous avez écrit un livre à caractère informatif, cette manip ne devrait pas vous concerner.

- Ouvrez la fenêtre **Plus>>**, cochez la case **Utiliser les caractères génériques.**

  Rechercher : (*)^13 ce qui signifie « N'importe quelle expression (*) suivie d'une Marque de fin de paragraphe ^13 » et allez dans **Format > Style > Paragraphe de liste**. Ainsi, nous allons prendre en compte toutes les répliques qui auraient été transformées en liste à puces.

  Remplacer : —^s\1^13 ce qui signifie « Tiret cadratin — suivi d'une Espace insécable ^s suivie de l'Expression du champ de recherche recopiée à l'identique \1 suivie d'une Marque de fin de paragraphe ^13 » et allez dans **Format > Style > Normal**. Ainsi, vous redonnerez à la réplique un style de texte ordinaire, sans la puce, mais avec les bons alignements (voir chapitre 2 pour le retrait de première ligne et chapitre 3 pour les styles).

  Ensuite, pensez bien à effacer le style attribué à chaque champ en cliquant sur **Sans attribut**, sinon, vous risquez d'avoir des surprises par la suite !

<u>Writer</u> : le paramétrage de base ne crée pas automatiquement de listes à puces.

Idée 2. Si vous avez lutté contre la mise en forme automatique des dialogues sous forme de liste à puces en l'annulant à chaque fois ou en désactivant l'option Word qui la commande, vous pourriez avoir des répliques introduites par des tirets cadratins (dans ce cas, c'est bon) ou par des tirets quarts de cadratin. Pour remplacer ces quarts par des cadratins, sans pour

autant toucher à tous les traits d'union de votre livre, voici ce que vous pourriez faire :

- **Rechercher** : ^p-^w ce qui signifie « Changement de paragraphe ^p suivi de Tiret - suivi de Espace sécable ou insécable ^w. » Cela permettra de ne cibler que les tirets qui commencent un paragraphe. Le principe reste valable pour les demi-cadratins.

  Remplacer : ^p—^s

Si vous avez collé le premier mot de la réplique au tiret pour éviter la mise en forme automatique, vous pourriez avoir besoin de rajouter une espace insécable sans pour autant le faire aux traits d'union qui relient deux mots. Voici ce que vous pouvez faire :

- **Rechercher** : ^p- ou ^p– ou ^p— selon le type de tiret utilisé.

  Remplacer : ^p—^s

- Toutefois, cette manipulation pourrait bien avoir placé une seconde espace insécable après vos tirets cadratins. Par mesure de précaution, faites ceci :

  Rechercher : —^w^w

  Remplacer : —^s

<u>Note</u> : ces deux derniers points permettent aussi d'homogénéiser l'ensemble des cadratins de votre document en plaçant une insécable après.

<u>Writer</u> : pour ces deux recherches, vous pouvez taper ^ suivi du tiret pour indiquer qu'il doit commencer un paragraphe.

Idée 3. Vous pourriez aussi rechercher tous les tirets qui sont entourés d'espaces, qu'elles soient sécables ou insécables, ces deux espaces pouvant être symbolisées sans distinction par le code ^w. Si un tiret relie les mots d'une expression, il convient d'utiliser un quart de cadratin sans espace avant ni après. Si un tiret ouvre ou ferme un aparté dans la narration, il convient d'utiliser un demi-cadratin avec une espace insécable avant et une sécable après (voire une virgule selon le cas).

- Vous pourriez donc **Rechercher** : ^w- pour les espaces suivies d'un quart de cadratin. Utilisez le bouton **Suivant** et avisez au cas par cas selon les corrections nécessaires.

- Puis, cochez **Utiliser les caractères génériques** et faites **Rechercher** : [!^13]- *suivi de* Espace, pour les quarts de cadratin suivis d'une espace sécable (recommencez pour les insécables). Le code [!] permet d'exclure de la recherche les changements de paragraphe ^13 pour ne pas s'intéresser aux tirets quart de cadratin qui marqueraient une nouvelle réplique (voir idée 2 pour remplacer ces tirets par des cadratins).

- Recommencez pour les tirets demi-cadratins et pourquoi pas les cadratins si vous pensez en avoir utilisé en milieu de paragraphe. Dans la recherche avec l'espace après le tiret, pensez bien à mettre [!^13] devant les cadratins, sous peine de passer en revue tous vos tirets de dialogue.

Si vous remarquez que vous avez toujours les mêmes erreurs, vous pouvez utiliser la fonction **Remplacer tout**. Par exemple, si vos demi-cadratins d'aparté sont toujours encadrés d'espaces, mais qu'elles sont parfois sécables, parfois insécables, parfois avant ou après, vous pourriez faire ceci :

- **Rechercher** : ^w–^w

Remplacer : ^s– *suivi de* Espace

<u>Writer</u> : le code [:space:] correspond à ^w lorsque vous cochez **Expressions régulières**. Copiez-collez l'insécable à partir du texte.

Idée 4. Remplacer des tirets demi-cadratins d'aparté par des parenthèses à l'intérieur de vos dialogues en formatage moderne. Normalement, les demi-cadratins qui encadrent l'aparté sont précédés d'une espace insécable et suivis d'une espace sécable. Les parenthèses, quant à elles, sont collées à la phrase qu'elles encadrent, avec une espace sécable à l'extérieur. Et cette phrase, dans les dialogues modernes, est censée être une phrase complète (voir chapitre 10). En gros, voici la transformation que nous allons faire :

Phrase principale°–·voici un aparté°–·suite de la phrase.

Phrase principale.·(Voici un aparté.)·Seconde phrase.

Idée 5. Remplacer les parenthèses de la narration par des tirets demi-cadratins d'aparté. Oui, d'ordinaire, les parenthèses n'interviennent pas dans la narration, on leur préfère les tirets demi-cadratins. Nous allons d'abord toutes les remplacer par des tirets. Puis, il faudra revenir sur ces phrases une par une pour voir s'il y a besoin de les reformuler.

- **Rechercher** : ^w(ce qui signifie « Espace sécable ou insécable suivie d'une parenthèse ouvrante. »

    Remplacer : ^s– *suivi de* Espace pour remplacer la parenthèse par un tiret demi-cadratin avec une insécable avant et une sécable après.

- **Rechercher** :)^w ce qui signifie « Parenthèse fermante suivie d'une espace sécable ou insécable. »
  Remplacer : ^s– *suivi de* Espace
- Recommencez la manipulation des parenthèses fermantes en remplaçant les espaces finales de **Rechercher** et de **Remplacer** par une virgule.
- Maintenant que tout est remplacé, revenez sur chaque phrase en faisant une recherche sur les tirets demi-cadratins pour reformuler au besoin.

<u>Writer</u> : [:space:] correspond à ^w lorsque vous cochez **Expressions régulières**. Copiez-collez l'insécable à partir du texte.

Vous pourriez aussi faire des recherches pour voir :
- si vos demi-cadratins sont suivis directement d'une virgule (oui !) dans les cas où sa présence est justifiée, ou si une espace sépare le tiret et la virgule (non !) ;
- si vos demi-cadratins sont parfois suivis par un point, un point d'interrogation, d'exclamation, de suspension, un point-virgule ou deux points (non, non, non !), qu'il y ait ou non une espace entre eux ;
- si vos cadratins servent à autre chose qu'à marquer les dialogues : s'ils sont précédés d'une espace, s'ils sont précédés ou suivis par un caractère (allez dans **Plus>>**, puis **Spécial > Tout caractère**). Dans Writer, vous utiliserez le point « . ».

Si j'ai oublié un cas de figure auquel vous êtes confronté et que vous n'arrivez pas à résoudre, contactez-moi par e-mail (voir

Mentions légales), je tâcherai de vous aider dans la mesure de mes compétences et mettrai à jour ce guide, le cas échéant.

8. Et les guillemets dans tout ça ?

En français, on utilise les guillemets en doubles chevrons : guillemets ouvrants « et guillemets fermants ».

Dans les pays anglo-saxons et au Québec, ce sont les guillemets dits 66 et 99 qui sont à l'honneur : " et ". On les surnomme ainsi en raison de leur forme qui rappelle ces chiffres. Ce sont d'ailleurs les guillemets 66 qui sont inscrits sur la touche 3 du clavier français. Je précise cela, car, en réalité, il y a un cas en français où nous utilisons les guillemets anglo-saxons. Nous allons le voir plus bas.

Il existe aussi les guillemets droits ou en doubles apostrophes : ". Théoriquement, nous ne les utilisons pas dans les textes français. Toutefois, ce sont eux qui sont utilisés sur Internet, par exemple dans Google, Facebook ou Twitter (sites anglophones).

Les blogs Wordpress, quant à eux, remplacent automatiquement les doubles apostrophes par des doubles chevrons : s'il y a une espace avant, ils mettent des guillemets ouvrants, s'il y a une espace après, ils mettent des guillemets fermants. Cela implique donc de laisser une espace entre les guillemets que l'on veut fermants et le point qui suit. Ou alors, on peut taper le code HTML correct dans l'éditeur en mode texte : « pour les ouvrants et » pour les fermants (le point-virgule fait partie du code). Si vous avez un site ou un blog d'auteur, je vous conseille évidemment de respecter les règles typographiques, cela peut constituer une preuve de sérieux aux yeux de certains de vos lecteurs.

Word est normalement paramétré pour remplacer les guillemets 66, les 99 et les doubles apostrophes par des doubles chevrons. Vous pouvez vérifier ce réglage en cliquant sur le **Bouton Office** > **Options Word** > **Vérification** > **Options de correction automatique**. Allez dans chacun des onglets **Lors de la frappe** et **Correction automatique**, et voyez si la case **Guillemets " ou "" par des guillemets` ´ou « »** est cochée.

Les doubles chevrons ont une espace insécable à l'intérieur : à droite pour les guillemets ouvrants et à gauche pour les guillemets fermants (voir chapitre 6 sur les espaces). Les guillemets anglais 66 et 99 sont quant à eux collés aux mots qu'ils encadrent.

Les guillemets en doubles chevrons nous servent à ouvrir la première phrase d'un dialogue et à en clore la dernière dans le système de formatage classique des dialogues (voir chapitre 10 pour plus de détails). Ils servent aussi pour encadrer des citations (mot, expression, phrase incomplète ou complète), des expressions particulières telles que des dictons, ou pour signaler l'usage d'un mot dans un sens spécial.

Note : même si cela ne correspond pas aux conventions typographiques françaises, il arrive en de rares occasions que l'italique soit utilisé pour marquer une citation. Selon *Le Guide du rédacteur* (ouvrage québécois, voir Références sitographiques), ce choix peut être fait si les citations sont peu nombreuses, qu'il y a peu d'autres éléments en italique (pensées, langues étrangères, voir chapitre 9) et qu'il y a déjà beaucoup d'éléments entre guillemets (dialogues en formatage classique, voir chapitre 10). Ainsi, cela permet d'éviter les ambiguïtés, c'est au service d'une meilleure compréhension pour le lecteur.

Quoi qu'il en soit, je le répète, le plus important est d'être homogène dans son texte.

Voici maintenant quelques exemples.

Guillemets encadrant une réplique ou un dialogue

« Rends-moi ma peluche », demanda le garçon.
Pas de réponse…
« Rends-la-moi !
— Certainement pas ! » répondit son camarade.

Note : pour plus d'informations sur le formatage des dialogues, voir chapitre 10.

Guillemets de citation

Je vais numéroter les exemples pour davantage de clarté dans les explications qui suivent.

1. Elle a jugé cette performance « remarquable ».
2. Il n'a cessé de ponctuer son interview de « Euh… ».
3. L'éditeur a mentionné que le manuscrit devait être rendu « avant la fin du mois », que c'était l'« ultime limite ».
4. Dans sa chronique, le lecteur souligne « le sérieux de la présentation et de l'orthographe du livre qu'a écrit l'auteur ».
5. « Que le meilleur gagne », furent ses dernières paroles.
6. Comme l'écrivait Jérémie, « l'important est d'adopter une présentation homogène dans son texte. »

7. « L'important, avait-il expliqué, est d'adopter une présentation homogène. »

8. Il repensait aux paroles de son ami. « Je reviendrai. » Oui, mais quand ?

Note : n'est placé entre guillemets que ce qui fait réellement partie de la citation. Le « l' » de l'exemple 3 en est exclu pour cette raison.

Note : l'incise peut être située à l'intérieur de la citation, comme dans l'exemple 7, à condition d'être assez courte (même principe que pour le formatage classique des dialogues, voir chapitre 10).

Note : le signe de ponctuation final n'est placé à l'intérieur des guillemets que dans le cas d'une citation complète placée à la fin de la phrase principale (ce qui est en fait aussi le cas des dialogues : l'entièreté des phrases est rapportée). C'est pour ça que les points des exemples 1 et 4 sont placés au dehors des guillemets et qu'il n'y a pas de ponctuation dans la citation de l'exemple 5, bien que la citation soit entière (mais elle n'est pas à la fin). Par contre, dans les exemples 7 et 8, les points sont à l'intérieur des guillemets, car ces citations sont entièrement séparées des autres phrases du texte.

Il n'y aura que dans le cas d'une ponctuation marquée que le point pourra figurer dans la citation. Si la citation n'est pas entière, il faudra fermer la phrase principale par une autre ponctuation. Si la citation est entière, sa ponctuation suffit à clore la phrase principale. Voyez plutôt avec ce cas particulier où l'on peut considérer que la citation est incomplète (premier cas) ou complète (deuxième cas) :

1. Le juge conclut en disant « la séance est levée ! ».

2. Le juge conclut en disant : « La séance est levée ! »

Note : on peut aussi utiliser les guillemets pour encadrer des dictons ou des expressions connues, que ce soit dans la narration ou dans une réplique.

Guillemets pour un mot revêtant un sens spécial

Je ne pense pas qu'il faille détailler beaucoup ce cas. Voici deux exemples :

1. On ne peut pas vraiment parler de nombre de « pages » pour un livre numérique puisque l'affichage varie en fonction des préférences de l'utilisateur.

2. L'alien utilisa sa « main » pour faire un signe à l'explorateur spatial.

Note : dans le deuxième cas, le mot « main » est utilisé d'une manière un peu spéciale, au sens où ce qu'agite l'alien n'en est pas vraiment une, mais que l'explorateur n'a pas de meilleur mot pour qualifier ce qu'il voit.

Cas particulier : les guillemets de monologue

J'avoue ne pas avoir vu cela souvent… Je me rappelle surtout des tomes 2 et 3 du *Cycle d'Ender*, romans de science-fiction d'Orson Scott Card (un film a été réalisé à partir du tome 1). On y lit des dialogues avec des répliques parfois longues d'une ou deux pages. Bien que ce soit passionnant, il est nécessaire d'aérer le texte et de structurer le propos, c'est pourquoi ces monologues sont découpés en paragraphes.

L'éditeur, J'Ai Lu, a utilisé le système de formatage moderne des dialogues (voir chapitre 10) : aucun guillemet pour signaler le début des dialogues, seulement un tiret cadratin pour introduire chaque réplique. Dans le but de bien faire comprendre au lecteur qu'il s'agissait toujours du même locuteur qui continuait de parler, chaque nouveau paragraphe de la réplique commençait par des guillemets doubles chevrons :

- des doubles chevrons fermants sans espace avant, mais avec une insécable après »° dans *La Voix des Morts*, le tome 2 (premier dépôt légal en décembre 1994) ;
- des doubles chevrons ouvrants suivis d'une insécable «° dans *Xénocide*, le tome 3 (premier dépôt légal en septembre 1995).

Il s'agit sûrement d'un choix de l'éditeur qui a évolué dans le temps. Quoi qu'il en soit, les deux façons de faire me semblent valables, car ce code reste le même tout au long du roman : il est au service de la compréhension du lecteur et de la clarté du propos.

Note : dans ce cycle, J'Ai Lu utilise des chevrons simples < et > pour encadrer des dialogues télépathiques (tome 2) ou encore des guillemets simples en 6 et 9 (tome 3). Je n'étais pas assez précis quand je vous disais que les présentations peuvent varier en fonction des éditeurs : elles peuvent aussi varier dans le temps. D'ailleurs, dans ma version du tome 4 (premier dépôt légal en février 2003), ils sont passés au formatage classique des dialogues.

Je n'ai pas trouvé grand-chose sur Internet au sujet de ces guillemets de monologue, si ce n'est la confirmation qu'on peut commencer chaque nouveau paragraphe par des guillemets doubles chevrons ouvrants ou fermants, à condition dans ce deuxième cas qu'ils soient suivis d'une espace insécable »°. Cela peut se faire aussi bien dans le système de formatage classique que dans le moderne.

Allez, je vous mets un court exemple tiré de *La Voix des morts* pour montrer ce que ça donne. Notez que je ne mets pas cette citation entre guillemets, car elle est un peu longue pour cela et que cela prêterait à confusion en faisant croire à l'ouverture d'un dialogue.

Elle paraissait pleine d'espoir. Ela la fit taire.

— Le soir de la mort de Pipo, poursuivit le Porte-Parole, Novinha [...] se considéra comme responsable parce qu'elle lui avait communiqué un secret que les piggies voulaient absolument garder.

» Il était trop tard pour défaire ce qui avait été fait. Mais elle pouvait empêcher que cela ne se reproduise.

Guillemets anglo-saxons à l'intérieur de guillemets doubles chevrons

Voilà, c'est le cas spécial (et peu fréquent) où l'on utilisera des guillemets anglo-saxons 66 et 99 en français : lorsqu'il y a une citation dans une citation ou une citation dans un dialogue en formatage classique (voir chapitre 10). Cela nous évitera de mettre des doubles chevrons à l'intérieur d'autres doubles chevrons, ce qui pourrait nuire à la compréhension du lecteur. Pour se rappeler dans quel ordre il convient de les mettre, c'est facile : c'est l'ordre croissant, 66 est avant 99.

Voici un exemple :

« Tu as vraiment eu de la chance ! Comme si on t'avait dit "Placez-vous directement sur la case Départ, recevez quarante mille francs". »

Si le mal est déjà fait, que faire ?

Cela dépend de ce que vous avez déjà fait et de ce que vous souhaitez faire. Formatage des dialogues classique ou moderne (voir chapitre 10) ? Quelles sont les autres mises en forme faites sur les citations, les mots spéciaux, les dialogues ? Et leurs quantités respectives ?

Les tutoriels ci-dessous peuvent vous aider à améliorer et homogénéiser votre mise en forme si vous ne souhaitez pas en changer. Mais peut-être voudrez-vous faire des modifications.

Si vous avez beaucoup de dialogues dans un formatage classique et aucune pensée, vous souhaiterez peut-être mettre toutes vos citations en italique. Mais si vous avez un formatage moderne avec beaucoup de pensées en italique, vous préférerez sûrement signaler vos citations par des guillemets.

Vous pouvez vous rendre au chapitre 10 sur les dialogues, pour avoir davantage d'informations afin de vous décider entre formatage classique ou moderne. De plus, dans la partie « Si le mal est déjà fait, que faire ? », vous trouverez de nombreux éléments de corrections et des tutoriels pour passer d'un système de dialogue à un autre (je vous préviens tout de suite que ça demande un travail conséquent !).

Cas 1. Vous avez mis des éléments entre guillemets, vous souhaitez supprimer ces guillemets et donner aux éléments

un style spécifique ? Voici ce que vous pouvez faire selon les deux cas de figure qui se présentent à nous.

Pour les éléments qui constitueraient des blocs de paragraphe, comme des citations vraiment mises en relief. Commencez par aller ouvrir la fenêtre **Plus>>** et cochez la case **Utiliser les caractères génériques**.

- **Rechercher** : «^s(*)^s»^13 ce qui signifie « Des guillemets avec des espaces insécables ^s qui encadrent une expression donnée (*) et qui sont suivis par un saut de paragraphe ^13. » Oui, je sais, ça fait beaucoup d'éléments.

  Remplacer : \1^13 ce qui va vous permettre de garder uniquement l'expression cible \1 et le saut de paragraphe ^13, en supprimant les guillemets et les espaces. Donnez à ce champ le style voulu en allant soit dans **Plus>> > Format > Police > Italique** ou autre, soit dans **Format > Style > Citation** ou un autre style de votre choix.

Pour les éléments qui sont inclus à l'intérieur de paragraphes, comme des dictons ou mots spéciaux dans une réplique ou dans la narration, ou encore des pensées ou messages écrits intercalés avec des incises de dialogue, nous devons d'abord savoir selon quel formatage sont écrits vos dialogues. Pour cette manipulation, je pars du principe que vous souhaitez conserver cette mise en forme (dans le cas contraire, rendez-vous au chapitre 10).

- Si votre texte est écrit selon le formatage moderne des dialogues, les seuls guillemets présents dans votre texte seront ceux de vos éléments à modifier (enfin j'espère,

sinon, explorez votre document avec le bouton **Suivant**).
Vous pouvez réaliser la même manip que pour le bloc de
paragraphe, en omettant le saut de paragraphe final ^13.
Rechercher : «^s(*)^s»
Remplacer : \1 et **Plus>> > Format > Police** voulue ou
Style voulu.

- Si votre texte est écrit selon le formatage classique, il
contient plein de guillemets qui ouvrent et ferment les
dialogues et qu'il ne faut pas supprimer. Vous allez donc
devoir scanner tout votre document avec cette
Recherche : «^s(*)^s» et étudier chaque cas.

Writer : pour tous les éléments entre guillemets, cochez
Expressions régulières.

- **Rechercher** : «[:space:](.+)[:space:]»
Remplacer : $1 en ajoutant le format **Italique**.

Je n'ai toutefois pas trouvé comment leur attribuer
automatiquement un style.

**Cas 2. Vous souhaitez placer des éléments précis entre
guillemets ?**

Si ces éléments n'ont aucune mise en forme spécifique, vous
allez devoir parcourir tout votre document pour ajouter les
guillemets. Essayez de vous rappeler les mots utilisés, vous
gagnerez peut-être un temps précieux.

Si toutefois vous leur avez donné un style particulier telle
qu'une mise en italique, lisez le chapitre suivant en vous
reportant aux points 2 et 3 de la partie « Si le mal est déjà fait,
que faire ? »

9. L'italique

L'italique permet de mettre en évidence certains mots spéciaux dans le texte :

- les noms de livres, de journaux, de périodiques, de fichiers informatiques, d'œuvres d'art connues, des noms propres de véhicules :
- des mots sur lesquels on insiste ou des mots dans une langue étrangère ;
- des énoncés spéciaux tels que des pensées ou des rêves de personnages, des choses écrites ou lues silencieusement par des personnages (on peut considérer qu'ils « pensent » ce qu'ils lisent) ou encore des paroles prononcées par une machine ou un message vocal.

Même si ce n'est pas recommandé, je rappelle qu'il est possible en de rares cas de mettre en évidence les citations grâce à l'italique plutôt qu'entre guillemets (voir chapitre 8). Quel que soit votre choix à ce sujet, l'important est à mes yeux de rester homogène dans son texte pour être compris de son lecteur.

<u>Important</u> : un mot qui devrait être en italique dans un énoncé lui-même en italique est de fait mis en romain (c'est-à-dire en normal), afin que l'on remarque sa spécificité. Rien de mieux qu'un exemple pour illustrer ça :

Il n'y a plus aucun exemplaire du journal Le Monde *dans cette librairie,* pensa-t-il en ressortant sous la voûte de la zone internationale. Damned, *moi qui voulais lire leur article à propos des dernières découvertes sur la bactérie* Escherichia coli *!*

<u>Note</u> : le point d'exclamation est en italique, car il fait partie de la pensée, de son intonation. L'incise « pensa-t-il » est en romain car elle n'est pas pensée par le personnage.

Je vais maintenant vous fournir plusieurs exemples de cas où l'italique est nécessaire.

Les pensées et les messages écrits

Pour les pensées, il existe deux principaux usages. Lorsque le narrateur est omniscient et peut « survoler » les personnages en passant de l'un à l'autre, leurs pensées sont généralement mentionnées sans mise en forme spéciale, car elles sont rapportées en discours indirect.

Mais parfois, elles sont écrites en discours direct, telles qu'elles ont été pensées par le personnage et introduites par une incise de dialogue. Dans ce cas, elles sont signalées soit par de l'italique, soit placées entre guillemets. Si vous utilisez déjà les guillemets pour un formatage classique des dialogues, je vous déconseille de les utiliser aussi pour les pensées, au risque de perdre votre lecteur. Pour ma part, j'utilise un formatage moderne des dialogues, mais je réserve les guillemets aux citations et signale les pensées en italique.

Voici un exemple pour illustrer ces deux types de discours, indirect et direct, et pour un message écrit. Pour ceux d'entre vous qui seraient intéressés par une mise entre guillemets (ce que je ne conseille pas), je rajoute une troisième présentation.

1. Une ambiance tendue régnait autour de la table de jeu. Alphonse se demanda comment il avait bien pu en arriver là.

Tous ses jetons se trouvaient devant son adversaire. Ce fut en soupirant qu'il détacha la montre de son poignet en priant pour que sa prochaine main lui portât chance. Il se dit que les dés étaient jetés lorsque son portable sonna pour signaler la réception d'un SMS : depuis l'autre bout de la ville, son frère lui demandait de ne pas commettre de folie.

2. Une ambiance tendue régnait autour de la table de jeu. *Comment ai-je bien pu en arriver là ?* se demanda Alphonse. Tous ses jetons se trouvaient devant son adversaire. Ce fut en soupirant qu'il détacha sa montre : *Pourvu que ma prochaine main me porte chance !* pria-t-il. *Les dés sont jetés.* Son portable sonna pour signaler la réception d'un SMS : *Ne commets pas de folie*, lui demandait son frère depuis l'autre bout de la ville.

3. Une ambiance tendue régnait autour de la table de jeu. « Comment ai-je bien pu en arriver là ? » se demanda Alphonse. Tous ses jetons se trouvaient devant son adversaire. Ce fut en soupirant qu'il détacha sa montre : « Pourvu que ma prochaine main me porte chance ! pria-t-il. Les dés sont jetés. » Son portable sonna pour signaler la réception d'un SMS : « Ne commets pas de folie », lui demandait son frère depuis l'autre bout de la ville.

Note : les signes de ponctuation qui indiquent sur quel « ton » ont été pensés les mots sont à mettre en italique (ou à intégrer à l'intérieur des guillemets). Pour plus d'informations sur l'utilisation des guillemets, reportez-vous au chapitre 10.

Note : dans les exemples 2 et 3, j'ai fait le choix de signaler pensées et messages écrits de la même manière. Il n'y a pas d'ambiguïté ici, car la compréhension est facilitée par les incises de dialogue. Si je devais écrire un roman, je me demanderais d'abord si ce cas risque d'arriver souvent (les messages écrits sont beaucoup moins fréquents que les pensées, ce qui ne justifie pas forcément une mise en forme distincte) et comment je vais formater mes dialogues.

<u>Note</u> : comme je l'ai déjà mentionné dans le chapitre 8 dans la partie sur les guillemets de monologue, certains éditeurs (J'Ai Lu avec les livres du *Cycle d'Ender*, dans le cas présent) font parfois le choix de signaler les dialogues télépathiques en les encadrant de chevrons simples < et > ou de guillemets simples en 6 et 9. Ce qu'il faut en retenir, c'est qu'au sein d'un même ouvrage, ou du moins d'une même édition de l'ouvrage, il est important de rester homogène dans son code typographique pour ne pas perdre le lecteur.

<u>Les mots provenant d'autres langues</u>

En français, on utilise sans y penser beaucoup de mots d'autres langues tels que *Eurêka* qui est grec, *carpaccio* qui est italien et *nota bene* qui est latin (souvent abrégé par *NB*), mais aussi *fjord*, *bled*, *toubib*, *corrida* et beaucoup d'autres. Étant donné que ces mots sont définitivement intégrés au français et ont leur place dans le dictionnaire, les signaler en italique n'est plus une nécessité, on peut parfaitement les laisser en romain. Voici une liste des mots latins intégrés au français, publiée dans *Le Code de rédaction interinstitutionnel* : goo.gl/X3eg4C (voir Références sitographiques).

Par contre, les paroles prononcées dans une langue étrangère, avec l'intention de situer le propos dans cette autre langue, sont à mettre en italique, que ce soit de simples jurons ou une phrase complète.

Je vais reprendre un exemple dans *La Voix des Morts* d'Orson Scott Card : la planète où se retrouve le protagoniste est peuplée de colons d'origine brésilienne. En plus de la langue officielle interplanétaire, les locaux parlent portugais entre eux. Un peu après l'extrait du chapitre 8, des gens réagissent et la narration propose une traduction (ce qui n'est pas systématique dans le livre et n'est en aucun cas obligatoire). Ici non plus, je ne signale pas cette citation entre guillemets à cause de la longueur de l'extrait et du risque de confusion qu'apporteraient ces signes.

La veuve de Libo [...] gémit :
— *Mentira, mentira.*
Mensonges, mensonges. Mais ses larmes n'exprimaient pas la colère, seulement le chagrin.
[...]
Ceux qui se trouvaient à proximité purent l'entendre murmurer.
— *Todos papai é morto. Não tenha tem papai.*
Tous mes papas sont morts. Je n'ai pas de papa.

Les titres de journaux et livres, mais pas les marques commerciales

J'ai trouvé *La Dramaturgie* d'Yves Lavandier dans la librairie Gibert Jeune, à côté de *L'Anatomie du Scénario* de John Truby.

Les parenthèses, les guillemets et les crochets

« Pourquoi faire simple quand on peut faire compliqué ? » Cette expression (que je signale comme une citation) illustre très bien la diversité des règles typographiques… En effet, les parenthèses ont la casse de la phrase principale, les guillemets ont celle de ce qu'ils encadrent et les crochets sont toujours en romain (ils servent parfois à indiquer que l'on a modifié une citation).

Les feuilles du pissenlit (*Taraxacum officinale*) sont comestibles.

*Le pissenlit (*Taraxacum officinale*) pousse partout*, était-il écrit.

Il a employé le mot « *yes* » au lieu de « oui ».

Il a dit qu'il était « *happy with* [*his*] *book* ».

Si le mal est déjà fait, que faire ?

Cela dépend vraiment de ce que contient votre document (citations, mots étrangers, pensées, rêves, etc.), du système de formatage de dialogue pour lequel vous optez (voir chapitre 10) et de la mise en forme que vous choisissez pour ces éléments. Je peux toutefois anticiper sur les modifications que vous pourriez souhaiter faire.

1. Vous avez mis vos citations ou les pensées des personnages entre guillemets et vous souhaiteriez en fait les mettre en italique.

Pour commencer, définissez un style **Citation** qui vous convient : il existe déjà dans la liste des styles prédéfinis de

Word, il n'y a qu'à le modifier pour que le texte soit en italique (voir chapitre 2). Ou alors, vous pouvez créer un nouveau style intitulé **Pensées**, par exemple.

Puis, deux cas de figure se présentent : soit ce sont les seuls éléments entre guillemets de votre livre (cela suppose que vous ayez opté pour le formatage moderne des dialogues), soit il y a d'autres éléments entre guillemets qui ne doivent pas se retrouver en italique.

Dans le premier cas, il vous suffit de procéder comme suit. Cliquez sur **Plus>>** et cochez la case **Utiliser les caractères génériques**.

- **Rechercher** : «^s(*)^s» ce qui signifie « N'importe quelle expression (*) encadrée de guillemets avec des espaces insécables ^s. »

  Remplacer : \1 ce qui dira à Word que vous voulez conserver à l'identique l'expression identifiée dans le champ de recherche. Puis allez dans **Plus>> > Format > Style >** choisissez le style **Citation**. Lorsque vous remplacerez, les guillemets seront supprimés et les citations seront mises dans le style voulu.

  Cliquez sur le bouton **Sans attribut** pour supprimer le style ou la mise en forme du champ dans lequel se trouve votre curseur.

<u>Writer</u> : cochez **Expressions régulières**.

- **Rechercher** : «[:space:](.+)[:space:]»

  Remplacer : $1 en ajoutant le format **Italique**.

Je n'ai toutefois pas trouvé comment leur attribuer automatiquement un style.

Dans le deuxième cas, vous serez contraint de procéder manuellement pour appliquer ce style italique uniquement aux citations ou aux pensées. Vous les trouverez facilement en utilisant la fonction **Remplacer** comme décrite précédemment, mais en utilisant le bouton **Suivant** pour faire défiler les occurrences. Il vous faudra alors au cas par cas déterminer s'il faut remplacer ou passer au suivant.

2. Vous avez mis les citations en italique sans utiliser la fonction Style et vous souhaiteriez les mettre en romain et entre guillemets. Avec Word, il faut intervenir en ajoutant les guillemets au cas par cas, puis en supprimant l'italique (impossible de faire plus rapide). Avec Writer, c'est plus facile.

- **Rechercher** : laissez le champ vide et appuyez sur Ctrl + I pour que la recherche porte uniquement sur ce qui est en italique. Scannez tout votre document avec le bouton **Suivant** et rajoutez des guillemets partout où c'est nécessaire.

- Puis, occupez-vous du style en mettant votre curseur dans le champ **Remplacer** vide et allez dans **Plus>>> Format > Police > Style de police > Normal**. Cliquez sur **Remplacer tout** : tout ce qui était en italique est mis en romain.

  À la fin de cette manipulation, pensez à cliquer sur le bouton **Sans attribut** pour réinitialiser la fonction.

<u>Writer</u> : cochez **Expressions régulières**.
- **Rechercher** : (.+) en choisissant un format **Italique**.

  Remplacer : « $1 » en mettant des espaces insécables dans ce code et en choisissant un format **Normal**.

3. Vous avez mis en forme vos citations avec le style Citation ou Citation Intense, et vous souhaiteriez les mettre entre guillemets avec un style Normal.

- Pour les citations qui sont des blocs de paragraphe, commencez par cocher **Utiliser les caractères génériques**.

  Rechercher : (*)^13 ce qui signifie « Toute expression suivie d'un saut de paragraphe ». Puis, allez dans **Plus>> > Format > Style > Citation** ou **Citation Intense** pour ne vous intéresser qu'aux citations.

  Remplacer : «^s\1^s»^13 pour dire à Word que vous voulez conserver l'expression \1 à l'identique en ajoutant des guillemets avec des insécables à l'intérieur. Allez dans **Format > Style > Normal**. Cliquez sur **Remplacer tout** : tous les blocs de citation deviennent du texte normal.

- Pour les citations incluses à l'intérieur d'un paragraphe, décochez la case des caractères génériques et videz le champ **Rechercher**. Choisissez alors le style **Citation Car** : Car pour « caractère ». Scannez tout votre document avec le bouton **Suivant** et styler ces citations manuellement en cliquant sur le style **Normal**. Puis, rajouter des guillemets partout où c'est nécessaire.

  À la fin de cette manipulation, pensez à cliquer sur le bouton **Sans attribut** pour réinitialiser la fonction.

<u>Writer</u> : pour effectuer une recherche sur un style, développer la fenêtre en cliquant sur **Plus d'options** et cochez la case **Rechercher des styles** (appelé **Y compris les styles** si vous avez sélectionné des attributs). Un menu déroulant avec une liste de styles apparaissent pour les champs **Rechercher** et

Remplacer. Vous pouvez donc passer d'un style à un autre, mais il n'est pas possible de spécifier certains mots ou certains caractères (voir Références sitographiques).

Cas particulier de la mise en gras

Le gras ne s'utilise pas dans les romans, seulement dans les ouvrages à contenu informatif pour mettre une information en relief, indépendamment du fait qu'elle soit entre guillemets ou en italique (ou les deux !). Mais bon, je vous encourage à ne pas multiplier les différentes mises en forme.

10. Le formatage des dialogues : deux écoles

Classique versus moderne

Vous avez peut-être remarqué que, dans certains livres, il y a des guillemets pour ouvrir et fermer les dialogues, alors que dans d'autres, il n'y en a pas. Cette deuxième catégorie de livres est-elle dans l'erreur ? Vous l'aurez deviné : la réponse est non. Il existe en effet deux systèmes pour présenter les dialogues : le formatage classique et le formatage moderne. Il s'agit bien souvent d'un choix d'auteur, parfois d'un choix d'éditeur.

Les deux se valent, même s'ils peuvent influencer quelque peu l'écriture (nous allons en reparler). Notez qu'il est difficile de passer de l'un à l'autre une fois le roman écrit. Il vaut donc mieux bien choisir avant de se lancer dans la rédaction.

Le formatage classique : les guillemets à l'honneur

Le formatage classique, ou « formatage XIXe », a pour caractéristique d'utiliser les guillemets en doubles chevrons pour ouvrir et fermer les dialogues (voir aussi chapitre 8), ainsi que les tirets cadratins (voir aussi chapitre 7) pour signaler toute nouvelle réplique tant que les guillemets n'ont pas été refermés. Voici un exemple :

« Bonjour ! lança l'auteur. Alors, vous êtes prêt à prendre guillemets et tirets à bras-le-corps ?

— Oui, je suis là pour ça », répondit le lecteur.

<u>Note</u> : les incises de dialogue identifient le locuteur et les caractéristiques de son élocution (ton, attitude corporelle, gestes). Ces incises sont placées entre virgules, ou entre une virgule et un point si elle conclut la phrase. Elles sont intégrées à l'intérieur du dialogue tant qu'il est en cours et on les met à l'extérieur des guillemets quand le dialogue est fini.

<u>Note</u> : vous remarquerez qu'une virgule suit directement les guillemets fermants avant l'incise. On la met lorsque la ponctuation terminale de la phrase n'est pas signifiante, c'est-à-dire lorsque cela devrait être un point. Et s'il n'y a pas d'incise, on place le point à l'intérieur des guillemets. Cependant, si cette ponctuation est signifiante, on supprime la virgule. Voyez plutôt :

« Oui, je suis là pour ça. »

« Oui, je suis là pour ça ! » répondit le lecteur.

« Oui, je suis là pour ça… » déplora le lecteur.

« Oh, vous m'avez amené là pour ça ? » s'étonna le lecteur.

Au cours de la réplique d'un personnage, on fermera parfois les guillemets pour les rouvrir aussitôt afin de signaler sans ambiguïté une action ou attitude de ce personnage (pas de parenthèses). Dans ce cas, on ne retournera pas à la ligne puisqu'il s'agit d'une seule et même réplique. Voyons plutôt un exemple :

« Bonjour ! » lança l'auteur en se grattant l'oreille avec une main à laquelle il manquait un doigt, perdu malencontreusement à l'époque où il travaillait à la scierie. « Alors, vous êtes prêt à prendre guillemets et tirets à bras-le-corps ?

— Oui », répondit le lecteur. Il secoua la tête vigoureusement avant d'ajouter : « Je suis là pour ça. »

La règle à retenir pour savoir si vous devez fermer ou non les guillemets est la clarté de votre texte et non pas la longueur de l'incise. Si elle est longue, mais que l'on comprend aisément que ce ne sont pas des paroles prononcées par le locuteur, alors pas de problème. Si elle est courte, mais peut prêter à confusion, il vaut mieux y réfléchir à deux fois.

Dans l'exemple ci-dessus, on comprend jusqu'au bout que l'incise expliquant que l'auteur se gratte l'oreille n'est pas une phrase de dialogue. C'est le sens qui permet cela. J'aurais donc pu ne pas fermer les guillemets, mais en raison de sa longueur et de la présence d'une virgule après « doigt » (virgule qui aurait pu signaler la reprise des paroles), j'ai préféré isoler cette incise pour davantage de clarté.

Pensez à votre lecteur. Il n'aime pas être gêné par des ambiguïtés au cours de sa lecture. Cela peut rompre le charme. Dans le doute, lisez le passage à voix haute. Si le doute persiste, mieux vaut fermer puis rouvrir les guillemets et être certain que votre dialogue sera compréhensible.

Le formatage moderne : au revoir guillemets, bonjour parenthèses !

Le formatage moderne a ceci de pratique qu'il ne s'embarrasse plus des guillemets : toutes les répliques commencent par un tiret cadratin (voir aussi chapitre 7). On y retrouve bien les incises de dialogues, encadrées par des virgules (voir la première note de la partie précédente).

Vous vous demandez peut-être comment dissiper les ambiguïtés lorsque l'incise est longue ou hachée par plusieurs virgules ? Eh bien, on utilise simplement des parenthèses. Certains trouveront cela inhabituel ou moins élégant. C'est possible, à chacun de choisir ce qu'il préfère. Au final, le lecteur s'habituera à cette présentation au bout de quelques pages et se laissera entraîner dans votre histoire de la même façon.

<u>Note</u> : à l'intérieur des parenthèses, c'est comme si vous placiez une phrase de narration. La phrase commence donc par une majuscule et finit un point simple. Il est rare de trouver des points d'interrogation ou d'exclamation dans la narration, surtout si l'auteur a adopté un point de vue omniscient. Mais ceci est une autre question.

Voici un exemple :

— Bonjour ! lança l'auteur. (Il se gratta l'oreille avec une main à laquelle il manquait un doigt, perdu malencontreusement à l'époque où il travaillait à la scierie.) Alors, vous êtes prêt à prendre guillemets et tirets à bras-le-corps ?

— Oui, je suis là pour ça, répondit le lecteur. (Il secoua la tête vigoureusement avant de reprendre la parole.) Je suis là pour ça.

<u>Note</u> : d'une manière générale, et toujours pour des raisons de clarté, on évitera de placer plus d'une phrase à l'intérieur de ces parenthèses. Si toutefois vous aviez besoin d'inclure plusieurs phrases pour décrire ce que fait le personnage pendant sa réplique, je vous conseille d'aller à la ligne pour rédiger un paragraphe de narration, puis de redonner la parole à votre

personnage. J'avoue que cela peut être contraignant selon les cas. Voici un exemple :

— Bonjour ! lança l'auteur.

Il se gratta l'oreille avec une main à laquelle il manquait un doigt, perdu malencontreusement à l'époque où il travaillait à la scierie. S'apercevant qu'il exhibait sa main mutilée, il la rangea dans sa poche et reprit la parole :

— Alors, vous êtes prêt à prendre guillemets et tirets à bras-le-corps ?

Note : c'est pour cette raison que je dis qu'il est difficile de passer d'un système de formatage à l'autre, parce que l'on n'écrit pas tout à fait pareil pour que les paroles et les actions s'enchaînent bien.

Néanmoins, si tel était votre cas, je vais tâcher de vous donner quelques pistes…

Si le mal est déjà fait, que faire ?

Je vais vous proposer des pistes d'améliorations qui vous feront gagner du temps pour chacun des systèmes de dialogue. Mais comme tout dépend du formatage que vous avez déjà mis en place, ces protocoles ne sauraient être totalement exhaustifs.

Dans un premier temps, je vous propose des manipulations propres à chaque système, puis je vous propose des manipulations communes aux deux.

1. Manipulations propres au formatage classique : vérifions d'abord si tous vos guillemets sont correctement placés. Puis, nous nous occuperons des parenthèses à l'intérieur des répliques où elles ne devraient pas se trouver. Quant aux tirets marquant le début d'une nouvelle réplique, ils seront traités ci-dessous dans le point 3 commun aux deux systèmes de formatage.

Pour les guillemets ouvrants :

- **Rechercher** : «^w ce qui signifie « Guillemets doubles chevrons ouvrants suivis d'une espace sécable ou insécable. »

  Remplacer : «^s ce qui signifie « Guillemets doubles chevrons ouvrants suivis d'une espace insécable. » Pour mémoire, l'espace insécable peut aussi se faire en appuyant sur Ctrl + Maj + Espace.

- Après cela, dépliez la fenêtre **Plus>>** et cochez la case **Utiliser les caractères génériques**. Puis, faites ceci :

  Rechercher : «([!^s]) ce qui signifie « Guillemets ouvrants suivis de n'importe quel caractère sauf une espace insécable. »

  Remplacer : «^s\1 ce qui signifie « Guillemets suivis d'une espace insécable ^s suivie de l'expression ciblée \1 dans le champ de recherche. » Cela vous permettra d'insérer des espaces insécables partout où il en manque.

Pour les guillemets fermants, c'est un peu le même protocole :

- **Rechercher** : ^w» ce qui signifie « Espace sécable ou insécable suivie de guillemets fermants. »

  Remplacer : ^s»

- Après cela, dépliez le **Plus>>,** cochez la case **Utiliser les caractères génériques** et faites ceci :

Rechercher : ([!^s])» ce qui signifie « N'importe quel caractère sauf une espace insécable suivie de guillemets fermants. »

Remplacer : \1^s»

Pour les parenthèses en milieu de réplique, il conviendra soit de les placer entre des tirets demi-cadratins quand ce sont des apartés, soit de les exclure des guillemets.

Dans le premier cas, reportez-vous au chapitre 7 pour appliquer le protocole 5 de la partie « Si le mal est fait, que faire ? » et, dans le deuxième cas, rendez-vous plus loin dans ce chapitre, à l'étape 1 du protocole pour passer du formatage moderne au classique.

Mais s'il y a peu de parenthèses dans votre document, vous pouvez simplement les corriger manuellement en vous aidant d'une recherche ciblée sur les parenthèses.

<u>Writer</u> : pour rechercher les guillemets ouvrants suivis de n'importe quel caractère sauf une espace insécable, tapez : «[^] en collant depuis votre texte une espace insécable entre l'accent circonflexe et le crochet fermant. Même principe pour les guillemets fermants : [^]».

2. Manipulation propre au formatage moderne : nous allons vérifier qu'il n'y ait aucun guillemet dans les dialogues. Vous pouvez toutefois en mettre pour les citations ou les mots spéciaux (voir chapitre 8). Quant aux tirets marquant le début d'une nouvelle réplique, ils seront traités ci-dessous dans le point 3 commun aux deux systèmes de formatage.

- Pour repérer rapidement un mot, une phrase, un paragraphe ou un groupe de paragraphes entre guillemets, cochez la case **Utiliser les caractères génériques** et décidez du sort de ces expressions entre guillemets :
  Rechercher : «^s(*)^s»
- Si vous avez utilisé par moment le formatage classique avec des guillemets et que vous voulez tout mettre en moderne, rendez-vous à la fin de ce chapitre.

<u>Writer</u> : cochez **Expressions régulières** et tapez «[:space:](.+)[:space:]».

3. Manipulations communes aux deux systèmes de formatage : nous allons vérifier que les tirets introduisant les répliques soient bien des cadratins suivis d'une espace insécable et nous porterons une attention spéciale aux incises de dialogue.

Vérifiez en premier lieu qu'aucun tiret cadratin ne se trouve en milieu de paragraphe :

- **Rechercher** : [!^13]— ce qui signifie « N'importe quel caractère, sauf un saut de paragraphe, suivi d'un cadratin. » Pour Writer, tapez .— à la place. Selon les résultats de recherche, corrigez au cas par cas ou appliquez la solution suivante :
- S'il s'agit de tirets signalant des apartés et que ces tirets sont encadrés d'espaces :
  Rechercher : ^w—^w
  Remplacer : ^s– *suivi de* Espace

<u>Writer</u> : tapez .— pour la première recherche. Pour la deuxième manipulation, faites ceci :

- **Rechercher** : [:space:]—[:space:]
  Remplacer : Espace insécable *suivie de – suivi de* Espace

3.a) Pour les tirets introduisant les répliques : le risque de la liste à puces.

- Si vous avez mis des espaces sécables après vos tirets, qu'ils soient cadratins, demis ou quarts de cadratin, il se peut que la mise en forme automatique ait transformé vos répliques en listes à puces. Vérifions cela :
  Rechercher : laissez le champ vide et allez dans **Plus>> > Format > Style > Paragraphe de liste.**
  Si c'est le cas, reportez-vous également au chapitre 7, à l'idée 1 de la partie « Si le mal est déjà fait, que faire ? »
- Vérifions maintenant si des demi-cadratins ou des quarts de cadratin commencent des paragraphes :
  Rechercher : ^p– et ensuite ^p-
  Si vous en trouvez, reportez-vous au chapitre 7, à l'idée 2 de la partie « Si le mal est déjà fait, que faire ? » Il y a deux cas de figure à traiter pour chaque tiret selon qu'ils sont suivis ou non d'une espace.

3.b) Pour les tirets cadratins introduisant les répliques : pour s'assurer qu'ils sont tous suivis d'une espace insécable et une seule, nous allons en rajouter partout pour être sûr qu'il n'en manque pas, puis supprimer toutes celles qui feraient doublon.

- **Rechercher** : ^p—
  Remplacer : ^p—^s
- **Rechercher** : —^w^w
  Remplacer : —^s

<u>Writer</u> : cochez **Expressions régulières**. Voici la correspondance.

- **Rechercher** : ^—
  Remplacer : — *suivi d'une* Espace insécable
- **Rechercher** : —[:space:][:space:]
  Remplacer : — *suivi d'une* Espace insécable

3.c) Pour les incises de dialogue, vérifiez qu'elles ne soient pas trop longues et qu'il n'y ait pas d'ambiguïté sur leur nature (qu'on ne risque pas de les prendre pour des paroles). Peut-être nécessitent-elles :

- d'être exclues des guillemets dans le cas du formatage classique ;

- d'être mises entre parenthèses sous la forme d'une phrase complète ou de constituer un paragraphe de narration à part entière dans le cas du formatage moderne.

Pour cela, pas de solution miracle… Il va falloir scanner votre texte plusieurs fois avec la fonction **Rechercher** pour localiser ces incises et éventuellement les réécrire. Voici plusieurs idées de recherche :

- les expressions comme « dis-je », « dit-il », « dit-elle », « disent-ils », « disent-elles » et toutes leurs variantes à tous les temps possibles de la narration selon ce que vous avez employé dans votre texte : passé composé, imparfait, passé simple, conditionnel présent. Normalement, on n'utilise ni le temps futur, ni le mode subjonctif dans les incises de dialogue, mais des erreurs peuvent s'être glissées dans votre texte. Quant aux temps comme le plus-que-parfait ou le conditionnel passé (si tant est qu'il y en ait), une simple recherche avec les auxiliaires devrait suffire : « avait-il », « aurait-il », etc.

- Maintenant, faites appel à toute la puissance de votre imagination (et de votre mémoire) pour trouver toutes les variantes possibles de verbes et de sujets que vous avez pu utiliser dans vos incises ! « Répondit la guerrière », « susurra le fantassin », « s'exclamèrent les soldats », etc. Oui, beaucoup de patience il vous faudra, mais vous gagnerez tout de même du temps.

- Il ne vous reste plus qu'à relire l'intégralité de votre texte pour vous assurer que la lecture en est agréable, fluide et compréhensible. Pour le scanner rapidement, vous pouvez rechercher les guillemets doubles chevrons ouvrants et fermants, ainsi que les tirets cadratins.

Comment passer d'un système de formatage à l'autre ?

Tout d'abord, si vous êtes arrivés directement à cette partie, je vous enjoins de lire ce qui précède pour bien comprendre les spécificités de chaque système de formatage. Même si je vais vous indiquer deux tutoriels qui vous feront gagner du temps, vous devez être conscient que passer d'un système à l'autre vous demandera une ou plusieurs relectures minutieuses de l'ensemble de votre texte. Il n'y a malheureusement pas de solution miracle.

Aussi, je vous conseille de bien réfléchir avant de vous lancer dans une telle procédure et de travailler sur une copie de votre manuscrit par mesure de précaution. Et si vous n'êtes pas intéressé par ce tutoriel, je vous invite à passer directement au chapitre suivant, car ce qui suit est très technique. Je ne le propose que pour Word.

Nous allons distinguer deux cas de figure, selon le système vers lequel vous voulez « migrer ».

Passer du formatage classique au moderne

Nous allons donc supprimer tous les guillemets et nous assurer que les incises sont bien identifiables. Si elles ne le sont pas, il vous faudra les transformer en phrases complètes pour les placer entre parenthèses. Si plusieurs phrases de narration étaient placées en dehors des guillemets, il vous faudra constituer un paragraphe à part entière.

Si vous n'avez pas de citations ou de mots spéciaux entre guillemets (voir chapitre 8), pas de problème. Sinon, il vous faudra les retrouver manuellement après ce protocole et leur redonner la présentation voulue. Toutefois, si vous avez eu la bonne idée d'utiliser la fonction **Style** pour styler vos citations, vous pouvez les rechercher facilement en mettant votre curseur dans le champ **Rechercher** puis allez dans **Plus>>** > **Format** > **Style** > et choisissez **Citation**.

Étape 1. Supprimer les guillemets au début et à la fin des dialogues.

Procédons en deux temps : remplaçons les guillemets ouvrants par un tiret cadratin et supprimons complètement les fermants.

- **Rechercher** : ^p«^w ce qui signifie « Marque de changement de paragraphe ^p suivie de guillemets doubles chevrons ouvrants « suivis d'une espace sécable ou insécable ^w. »

Remplacer : ^p—^s pour remplacer tous ces guillemets par un tiret cadratin. Des insécables remplaceront les espaces qui suivaient les guillemets.

- **Rechercher** : ^w»^p ce qui signifie « Espace ^w suivie de guillemets doubles chevrons fermants » suivis d'un changement de paragraphe. »
Remplacer : ^p

Étape 2. Supprimer les guillemets en milieu de paragraphe (1/2).

Ils servent à marquer une interruption des paroles au profit de la narration. Dans le formatage moderne, cette narration est à placer entre parenthèses.

Commençons par nous occuper des guillemets ouvrants (fin de la narration et reprise des paroles) pour les remplacer par une parenthèse fermante.

- **Rechercher** : ^w«^s ce qui signifie « Espace suivie de guillemets doubles chevrons ouvrants suivis d'une espace insécable. »
Remplacer : Parenthèse fermante *suivie de* Espace.
- Puis, effectuez la recherche suivante : Espace insécable *suivie de* Deux points *suivis de* Parenthèse fermante pour rectifier les formulations une à une (oui, cela risque d'être long selon vos habitudes d'écriture). Il ne s'agit pas seulement de supprimer les deux points, mais de modifier la phrase introductrice de dialogue pour en faire une phrase complète terminée par un point.
- Vous pouvez aussi rechercher ceci : Espace insécable *suivie de* Deux points *suivis de* ^p pour les phrases introductrices de dialogue situées la fin d'un paragraphe.

Étape 3. Supprimer les guillemets en milieu de paragraphe (2/2).

Passons maintenant aux guillemets fermants (fin des paroles et début de la narration) pour les remplacer par une parenthèse ouvrante. La présence de ponctuation signifiante à l'intérieur des guillemets ou d'une virgule à l'extérieur va toutefois nous compliquer la tâche pour les remplacer par une parenthèse ouvrante…

Je vais partir du postulat que vos dialogues sont correctement formatés selon le système classique. Cinq manipulations sont à effectuer pour prendre en compte tous les types de ponctuation terminale :

- **Rechercher** : Espace insécable *suivie de* Guillemets doubles chevrons fermants *suivis de* Virgule *suivie de* Espace

  Remplacer : Point *suivi de* Espace *suivie de* Parenthèse ouvrante

- **Rechercher** : Point *suivi de* Espace insécable *suivie de* Guillemets doubles chevrons fermants

  Remplacer : Point *suivi de* Espace *suivie de* Parenthèse ouvrante

- Reproduisez cette dernière manipulation en remplaçant le point des champs **Rechercher** et **Remplacer** par le point d'interrogation, d'exclamation, puis de suspension.

- Petite précision : les phrases dans les parenthèses sont censées commencer par une majuscule. Je vous conseille donc de prolonger cette manipulation par ceci :

  Rechercher : Parenthèse ouvrante *suivie de* a

  Remplacer : Parenthèse ouvrante *suivie de* A

  Recommencez pour toutes les lettres de l'alphabet (ou presque).

Étape 4 : bien que long, ce protocole n'est pas forcément infaillible (selon votre style d'écriture et votre formatage préalable des dialogues), mais il vous fera indéniablement gagner beaucoup de temps. Toutefois, je ne saurais trop vous conseiller de relire intégralement votre texte afin de traquer les dernières erreurs typographiques et les formulations incorrectes des incises et des phrases descriptives entre parenthèses.

Vous pouvez aussi gagner du temps en scannant votre texte au moyen d'une recherche ciblée sur les tirets cadratins, puis une autre sur chaque type de guillemets doubles chevrons. Cela vous permettra de débusquer tous ceux qui auraient échappé à la fonction **Remplacer** pour je ne sais quel obscur caprice de l'informatique… Scannez à nouveau votre texte en ciblant sur chaque type de parenthèses afin de vérifier que tout est bien en ordre.

Passer du formatage moderne au classique

Cette transformation est la plus compliquée des deux, car il va falloir ajouter les guillemets doubles chevrons pour ouvrir et fermer les dialogues. Or, vos tirets cadratins actuels indiquent seulement de nouvelles répliques, sans informations supplémentaires sur le contexte.

Par contre, vos parenthèses actuelles devraient nous aider à localiser les phrases descriptives qui devront être placées en dehors des répliques au moyen des guillemets (étape 1).

Quant aux incises de dialogue (de type « dit-il »), il n'y aura normalement pas à y toucher, sauf si elles terminent une réplique à la fin d'un dialogue. Dans ce cas, il faudra les exclure hors des guillemets (étape 2).

Étape 1. Remplacer les parenthèses par des guillemets.

Pour les phrases descriptives isolées placées entre parenthèses à l'intérieur d'une réplique, nous allons remplacer les parenthèses ouvrantes par des guillemets fermants et les parenthèses fermantes par des guillemets ouvrants. Cinq manipulations sont à effectuer :

- **Rechercher** : Point *suivi de* Espace *suivie de* Parenthèse ouvrante

  Remplacer : Point *suivi de* Espace insécable *suivie de* Guillemets doubles chevrons fermants *suivis de* Espace. Pour mémoire, l'espace insécable se fait en appuyant sur Ctrl + Maj + Espace.

- Reproduisez ensuite cette manipulation en remplaçant les points par des points d'interrogation, par des points d'exclamation, puis par des points de suspension.

- **Rechercher** : Parenthèse fermante *suivie de* Espace

  Remplacer : Espace *suivie de* Guillemets doubles chevrons ouvrants *suivis de* Espace insécable

Étape 2. Ajouter les guillemets de début et fin de dialogue.

Nous allons maintenant contrôler un par un tous les tirets cadratins pour voir si c'est le début d'un dialogue ou une nouvelle réplique du dialogue. Dans le premier cas, il faudra remplacer le tiret par des guillemets doubles chevrons ouvrants ; dans le second, il n'y aura pas à y toucher. Cela risque en effet d'être long.

- **Rechercher** : Tiret cadratin

Remplacer : Guillemets doubles chevrons ouvrants. Inspectez rapidement tout votre document en utilisant le bouton **Suivant** et en remplaçant seulement si nécessaire.

- À chaque fois que vous ouvrirez des guillemets, il faudra relire votre texte pour trouver la fin du dialogue et refermer les guillemets. Sûrement faudra-t-il exclure certaines incises hors des guillemets lorsqu'elles terminent la réplique et le dialogue.

Étape 3 : relisez l'ensemble de votre texte pour vous assurer qu'il est agréable à lire et bien compréhensible. Au besoin, rajouter des incises dans les dialogues ou des phrases descriptives hors des guillemets.

Oui, cela aussi risque d'être long, mais je vous avais prévenu avant de commencer.

Cas particulier : les guillemets de monologue

Je ne reviendrai pas en détail sur ce point (voir chapitre 8), mais dans chacun des deux types de formatage de dialogue, il vous est possible de scinder une longue tirade en plusieurs paragraphes pour davantage de lisibilité. Afin de signifier qu'il s'agit toujours de la même réplique, vous pouvez utiliser des guillemets ouvrants ou fermants (au choix) suivis d'une insécable, au début de chacun de ces paragraphes.

Si vous avez opté pour les guillemets ouvrants et que vous voulez passer du système de dialogue classique au moderne, il vous faudra au préalable les rechercher un à un et les remplacer par un code spécial pour les remettre après avoir mené le protocole ci-dessus. Sinon, ils seront tous remplacés par des tirets cadratins. Par exemple, remplacez-les par trois lettres identiques comme MMM (« M » pour monologue). Il vous sera extrêmement facile de les retrouver pour rétablir votre formatage.

Si vous voulez passer du formatage moderne des dialogues au classique, pas de panique : ces guillemets, ouvrants ou fermants, fonctionnent dans les deux cas, vous n'avez donc pas à y toucher.

11. Les nombres en lettres ou en chiffres ?

C'est une question épineuse que l'on se pose souvent et qu'il est difficile de trancher. En réalité, il existe de très nombreux cas particuliers et exceptions. Il serait difficile de tous les voir dans cet ouvrage sans risquer de le rendre indigeste, mais nous allons essayer de voir les principaux usages ensemble afin de dissiper les doutes et le hasard. Là encore, même si vous ne retenez pas tout ou que vous éprouvez des hésitations, un seul conseil ultime : soyez homogène dans votre texte !

Avec toutes les approximations que cela suppose, je tenterai toutefois d'énoncer la règle générale suivante : lorsque le nombre indique une quantité (aspect cardinal), on l'écrira en toutes lettres ; quand il exprime un numéro ou un rang (aspect ordinal), on l'écrira en chiffres.

Ailleurs, j'ai trouvé qu'on utilisait les lettres en littérature et les chiffres dans les ouvrages spécialisés (traité de géographie ou de science, rapport d'activité, etc.). Mais dans l'une de mes nouvelles de SF, mon personnage s'amuse à réciter la suite de Fibonacci et il était évident que je n'allais pas écrire tous ces nombres en toutes lettres.

En toutes lettres

Nous allons voir trois cas principaux d'emploi des lettres.
Précision : tout nombre en début de phrase est censé s'écrire en lettres.

1. Pour les quantités simples, entières ou suivies de demi ou de quart, quand le nombre détermine un nom ou quand il est employé comme substantif, c'est-à-dire à la place du nom. Voici plusieurs exemples :

Il y a quatre chats. Je veux les quatre (dans cette deuxième phrase, « quatre » est un substantif : il se substitue au nom « chats »).

Le huit de cœur (substantif).

Dans un quart d'heure, il sera deux heures et demie.

Trois dixièmes de tarte font deux ou trois cents calories.

<u>Note</u> : les grands nombres « complexes » et les nombres décimaux peuvent être écrits en chiffres par souci de simplicité. On accepte l'écriture en toutes lettres des nombres « simples » : 12 432 721 habitants, mais douze millions d'habitants, ou encore 1,221 °C, mais un degré virgule deux (bien que ce soit un peu limite niveau lisibilité). À vous de trouver le juste milieu.

2. Pour le rang dès lors qu'il est exprimé en quantième. Mieux vaut des exemples :

Voyager en seconde classe.

La vingt-cinquième porte.

Il est en troisième et joue en deuxième division.

3. Pour les expressions courantes faisant intervenir des nombres :

Il a le moral au trente-sixième dessous… Il lui faut du quatre-quarts !

On trouvait du travail en deux temps trois mouvements pendant les Trente Glorieuses.

En chiffres arabes

Quatre cas principaux pour les chiffres arabes.

1. Pour les numéros et les rangs, sauf quand ils sont exprimés en quantième. Par exemple :

— On va au numéro 19 ?

— Non, l'assassin habite au 21. C'est la cinquième porte sur la gauche.

— Tu as son 06 ?

— Regarde au paragraphe 3.

<u>Note</u> : veillez à relier par une espace insécable l'ordinal et le terme auquel il se rapporte pour qu'ils ne soient pas séparés sur deux lignes différentes : le blog page°42, l'article°1382 du Code civil, etc.

C'est aussi le cas pour toutes les indications temporelles : dates, heures, minutes, secondes, âges. Je les vois comme des numéros : l'âge n°18, la dix-neuvième heure de la journée, la douzième minute. Je vous mets les insécables visibles dans cet exemple :

Il a eu 18°ans le 20°mai 2002, il est né dans les années°80. Il a soufflé ses bougies à 19°h°12. Il était précisément 19°h°12°min°32°s. Cela faisait deux heures et trente minutes qu'il attendait ses amis.

Note : vous aurez remarqué le gros bloc des éléments constituant l'heure, reliés par les insécables. C'est ce qui est recommandé, mais ce bloc, s'il n'a pas assez de place en bout de ligne et doit passer à la suivante, risque de provoquer de grands espaces entre les mots (pas terrible pour le gris typographique, cf. chapitre 5). Le bon sens commande donc plutôt de lier seulement le nombre avec son unité attitrée : 19°h 12°min 32°s.

Note : j'ai écrit « deux » heures et « trente » minutes en lettres, car c'est une durée, une quantité simple.

2. Pour les quantités suivies de l'unité de mesure abrégée ou d'un symbole : sommes d'argent, pour cent, température… Dans un ouvrage informatif (type rapport d'activité), par commodité, mais aussi pour rendre le propos plus évident, on pourra choisir d'écrire tous ces nombres en chiffres, qu'ils soient simples ou complexes. Quelques exemples :

Ça vaut 9,99 €. Presque 10 €.

17,3 % des Français ont une liseuse. On approche des 20 %.

Il fait 37,2 °C le matin (et pas 37°2, héhé).

Note : comme mentionné précédemment, pour les quantités vraiment simples prises isolément, on pourra parfois écrire en toutes lettres le nombre et l'unité : presque dix euros, on approche des vingt pour cent.

Note : dans ce cas aussi, veillez à relier par une espace insécable le nombre avec l'unité ou le symbole : 10°cm, 12°478°habitants, 12°%, -50°°C, etc.

3. Pour les grands nombres « complexes » et les nombres décimaux, déterminants ou substantifs. Si ces nombres sont « simples », on les écrira en toutes lettres (voir le point 1 de la partie précédente). Exemples :

123 456 000 habitants. Les 123 456 000 sont là.

Ça fait 10 cm ou 10,000 1 cm ?

Note : on met une espace insécable entre les classes unités simples, milliers, millions et milliards (voir chapitre 6) en partant de la virgule et en allant vers la gauche. On met aussi des espaces insécables pour séparer les groupes de trois chiffres de la partie décimale, en partant de la virgule et en allant vers la droite. Cela facilite la lisibilité et évite de couper le nombre en deux.

Note : pour faciliter la comparaison des nombres, et donc la compréhension, on n'écrira pas « un million », mais « 1 million » dans les expressions suivantes :

Cette espèce est apparue il y a 320 millions d'années et s'est éteinte il y a 1 million d'années. Cette seconde espèce est apparue il y a 1 million d'années et s'est éteinte il y a 320 000 ans.

4. Pour les formules mathématiques, on utilisera des chiffres pour en faciliter la lecture. Et si vous avez besoin d'écrire des formules complexes, vous pouvez avoir recours à la fonction **Équation** dans l'onglet **Insertion** de Word ou à l'insertion d'un **Objet mathématique** dans Writer (voir Références sitographiques).

En chiffres romains

Pour les numéros de siècles, de rois, de papes, de dynasties, de régimes politiques et de réunions renouvelées. Et aussi pour les subdivisions d'un ouvrage. Voici des exemples :

Au XXIe siècle, à la veille des XXXIe Jeux olympiques, le roi Louis XIV est mort depuis trois siècles.

Le tome IV parle du IIIe Reich et de la Ve République française. Pour le Premier Empire et le Second Empire, consultez le fascicule VII.

Note : nous sommes censés utiliser de petites majuscules pour les numéros de siècle : écrivez-le en minuscules, puis **Police > Effets > Petites majuscules**. Et seulement pour les siècles, pas pour les années (l'an I du calendrier républicain), ni les millénaires (le IIIe millénaire).

Note : certaines expressions telles « XXe siècle » ou « Ve République » requièrent une espace insécable entre les deux termes.

Note : Premier et Second Empires sont des exceptions à la règle d'écrire les numéros de régimes politiques en chiffres romains.

Si le mal est déjà fait, que faire ?

Il y a plusieurs choses que vous pouvez faire pour améliorer votre document, mais il faudra étudier chaque cas et corriger au besoin.

- Effectuez une recherche avec **Tout chiffre**.
- Effectuez des recherches sur les vingt-cinq mots qui servent à écrire les nombres en français (évitez juste le

« un ») : de « deux » à « seize », puis toutes les dizaines de « vingt » à « soixante », puis « cent », « mille », « million » et « milliard ». Je vous conseille aussi « virgule » et « pour cent ».

- Recherchez aussi les chiffres romains que vous êtes susceptibles d'avoir employés pour les remplacer par des lettres, des chiffres arabes ou des petites majuscules s'il s'agit de siècles.

12. Les accents aux majuscules

É, È, Ê, À et Ç. La voilà, la ribambelle des majuscules françaises accentuées. Quoique je ne sais pas si on peut véritablement parler d'accent pour la cédille ! Si vous utilisez d'autres langues que le français dans votre livre ou quelques mots étrangers, pensez à mettre à vos majuscules les trémas, tildes, barres, points, ronds et doubles accents nécessaires, sur les voyelles et sur les consonnes.

Cela peut indéniablement paraître peu professionnel de ne pas les employer. Pour cela, rien de plus simple, il suffit de les taper au fur et à mesure. Voici les raccourcis clavier pour le français si vous ne souhaitez pas passer par la fonction **Insertion > Symboles** :

Ê, la plus facile : accent circonflexe, puis E majuscule.

É : Ctrl + Apostrophe (touche du 4), puis E majuscule.

È : Ctrl + Alt + è (touche du 6), puis E majuscule.

À : Ctrl + Alt + è (touche du 6), puis A majuscule.

Ç : Ctrl + Virgule, puis C majuscule.

<u>Writer</u> : les raccourcis sont les mêmes pour le « Ê », le « È » et le « À ».

Il est possible de paramétrer Word pour qu'il détecte et corrige automatiquement ces accents. Pour cela, cliquez sur le **Bouton Office** > **Options Word** > **Vérification**. Là, vous pouvez cocher l'option **Majuscules accentuées en français**, comme ça il vous soulignera les manques.

Puis, vous pouvez aller dans **Options de correction automatique** > **Correction en cours de frappe**. Dans la table, vous pouvez rechercher, modifier, supprimer ou créer des corrections à appliquer pendant que vous tapez.

Si le mal est déjà fait, que faire ?

Il n'y a qu'une solution : utiliser la fonction **Remplacer** pour chacun des mots susceptibles de comporter une majuscule accentuée, en cochant impérativement l'option **Respecter la casse** dans l'onglet **Plus>>**. Elle vous permettra de corriger tous les « A » de « A quoi penses-tu ? » sans affecter les « a » de « Il y a » et tous les « E » de « Écoute ! » sans toucher au « e » final de ce mot.

Étape 1. Commençons par le mot « À », heureusement le seul de la langue française à être accentué.

- **Rechercher** : A *suivi de* Espace. **Remplacer** : À *suivi de* Espace.
- Occupons-nous maintenant de tous les « *A priori* » qui commenceraient des phrases et qui portent désormais un accent. En effet, il s'agit d'une expression latine qui ne prend pas d'accent et devrait normalement être mise en italique (voir chapitre 9). **Rechercher** : À priori. **Remplacer** : appuyez sur les touches Ctrl + I afin de mettre l'expression en italique et tapez : A priori. Après cette manip, pensez à cliquer sur **Sans attribut** pour désactiver la mise en italique.

Étape 2. Poursuivons avec le mot « Ça » en procédant de la même manière.

Étape 3. Passons en revue tous les « E » qui devraient prendre un accent.

Cela risque d'être fastidieux… Si votre texte est court, je vous conseille de passer directement à l'étape 4. Si votre texte est long, vous gagnerez du temps à explorer tous les cas particuliers de cette étape 3 grâce à la fonction **Remplacer** en veillant bien à ce que la case **Respecter la casse** soit cochée.

Il y a déjà tous les noms propres, peu importe où ils se trouvent dans la phrase : Égypte, Élie, Élise, Élysée, Éric, Érica, Étienne… Pensez aussi à ceux que vous avez inventés si vous écrivez de la science-fiction ou de la fantasy.

Maintenant, voici une liste des mots les plus courants, commençant par un « e » accentué et susceptibles de se trouver en début de phrase :

Être

Êtes

Étais

Était

Étions

Étiez

Étaient

Étant

Évidemment

Tous les verbes commençant par un « é » peuvent commencer une phrase dans une formulation interrogative ou impérative : écarter, échanger, échapper, éclairer, écouter, écrire, épaissir, épeler, épier, émerger, émigrer, évader, éviter, etc. Je vous conseille de prendre un dictionnaire pour vous aider à penser à tous ceux que vous pourriez avoir employés et de les remplacer un par un.

Note : tous les mots commençant par « ex » sont sans accent. Exemple, exutoire, exécuter, exception, etc. Même Exagone (je plaisante).

D'une manière générale, les noms communs commencent rarement les phrases, à part avec des formulations particulières comme « Érudit, êtes-vous là ? »

Mais c'est parfois le cas de certains adjectifs ou participes présents quand la phrase débute par une incise descriptive : « Écœurée par l'odeur, elle se boucha le nez ! » ou « Éclairant la scène, l'inspecteur… » Il n'y a qu'à transformer les verbes mentionnés ci-dessus.

Étape 4. Vérifions un par un tous les « E » restants, pour voir s'ils ont besoin ou non d'un accent.

Si votre texte est court, vous en aurez vite fait le tour. S'il est long et que vous avez suivi l'étape 3, il ne devrait plus manquer beaucoup d'accents sur vos « E ».

La manip est simple : **Rechercher** : E. **Remplacer** : É. Ne cliquez surtout pas sur **Remplacer tout**, mais étudiez tous les mots au cas par cas avec le bouton **Suivant**, pour ne corriger que les « E » qui le nécessitent. Au passage, corrigez manuellement ceux qui devraient porter un accent circonflexe.

PARTIE 3
Exemples
récapitulatifs

13. Exemple avec des dialogues en formatage classique

Je vais maintenant vous proposer un exemple de texte de fiction qui reprend la majorité des règles typographiques abordées précédemment, avec les dialogues formatés de manière classique (formatage moderne dans le chapitre suivant). Afin d'illustrer clairement certaines de ces règles, je fais apparaître dans le texte toutes les espaces insécables en les matérialisant par un rond °. Après ce texte, je justifie chaque choix typographique. Entre autres choses, vous pourrez voir quels peuvent être les intérêts d'utiliser l'italique.

Si vous souhaitez vous entraîner à mettre en forme cet exemple avant de découvrir ma proposition, vous pouvez télécharger sur mon blog un fichier Word contenant le texte brut : pas d'italique, ni guillemets, ni espaces insécables et tous les nombres écrits en chiffres arabes.

Lien court : goo.gl/FCEYhB

D'avance, veuillez m'excuser si cet exemple semble quelque peu tiré par les cheveux, il s'agit surtout d'illustrer les règles en explorant le plus de cas de figure possible, pas vraiment d'écrire de la fiction !

Exemple de texte (dialogues classiques)

Depuis le lundi 12°janvier 2040, le «°*gentleman*°» anglais°– dont personne n'avait jamais vérifié la nationalité°– résidait au

31, rue de Cologne. Étant toujours mis sur son trente-et-un, il agaçait Jérémie Lebrunet.

Ce dernier sonna à la porte de l'Anglais en présentant sa tête face à la caméra. Il suait à grosses gouttes et pas seulement à cause des 35°°C qu'indiquait le thermomètre.

«°*Monsieur Lebrunet est à la porte*°!°» retentit la voix joyeuse de l'IA de la maison, d'un style typique du XIXe°siècle.

Un message apparut alors sur l'écran d'accueil devant les yeux de l'écrivain°:

Monsieur Smith va vous recevoir. Il vous dit°: «°Je vous souhaite le *welcome*, cher Monsieur°!°»

C'est ça, amazing *Monsieur Smith*, pensa-t-il. *Tu me dis ça pour mieux me remballer ensuite…*

L'homme avait en effet une réputation sulfureuse. En trente minutes, il survolait un manuscrit et décrétait s'il était «°prometteur°»°– selon lui, évidemment. Si c'était oui, il payait deux années d'écriture tous frais compris à l'auteur. Si c'était non, l'Anglais y allait toujours de son petit commentaire lapidaire, du genre°:

Aucun intérêt, reconvertissez-vous dans le cooking *ou le marketing, vous aurez plus de chances de rendre les gens heureux*°!

À ce que l'on racontait, cent auteurs s'étaient déjà succédé à cette porte d'entrée. Monsieur Lebrunet était le numéro°101. Le cent unième. Cent un auteurs, sur les deux millions de personnes que comptait la capitale. 2°300°000 pour être exact. Autrement dit, moins de 1°%.

La porte s'ouvrit alors.

«°Hello, cher ami°!°» dit l'Anglais avec une chaleur dans le regard qui ne semblait pas feinte. «°Entrez donc, ajouta-t-il.

—°Bonjour, merci°», répondit l'écrivain, intimidé.

Ils traversèrent le hall où trônait une copie de *Guernica*, puis s'installèrent au salon. *La Dramaturgie* d'Yves Lavandier était posé sur la table basse, juste devant le candidat.

«°Alors, racontez-moi de quoi parle votre roman, l'invita le maître des lieux. Je meurs d'envie de rendre mon verdict°!

—°Euh… c'est l'histoire de…

—°*Damned*°!°» coupa l'autre. Il se rajusta dans son fauteuil, les sourcils froncés. «°Faites preuve d'originalité°! Surprenez-moi…°»

Comme si c'était facile°! pensa l'auteur.

«°Mais bien sûr, Monsieur°», répondit-il poliment.

Explication des choix typographiques

Je vais maintenant expliciter mes choix typographiques pour le texte ci-dessus, en prenant les éléments dans l'ordre. Les espaces insécables apparaissent toujours matérialisées par un rond °. Dans mes explications, j'utiliserai parfois les guillemets pour citer certains mots afin de pouvoir respecter la mise en italique lorsqu'il s'agira d'une citation de mots anglais. J'aurais pu faire un autre choix, mais celui-ci m'a semblé le plus judicieux pour que mon propos reste compréhensible.

Lundi 12°janvier 2040 : l'espace insécable est nécessaire entre le quantième et le mois.

«°*gentleman*°» : entre guillemets puisqu'il s'agit d'un emploi particulier du mot, d'une sorte de surnom alors qu'on n'est pas sûr qu'il le soit vraiment. En italique (les guillemets aussi), car c'est un mot anglais, même si ce n'est peut-être pas nécessaire puisqu'il est plus ou moins passé dans la langue française.

Aparté entre deux tirets demi-cadratin, car la phrase n'est pas finie, avec des espaces insécables avant les tirets.

31 : en chiffre, car il s'agit d'un numéro d'ordre, de la maison qui porte le numéro 31.

sur son trente-et-un : en toutes lettres, car il s'agit d'une expression usuelle.

35°°C : en chiffres, car il s'agit d'une mesure, suivie d'une espace insécable avant que ne soit précisée l'unité de cette mesure.

«°*Monsieur Lebrunet est à la porte*°!°» : en italique, car il s'agit des paroles d'une machine.

XIXe°siècle : les siècles sont indiqués en chiffres romains en petites majuscules, suivis du « e » en exposant. Il y a une espace insécable entre le numéro et le mot « siècle ».

Monsieur Smith va vous recevoir. Il vous dit°: «°Je vous souhaite le *welcome*, cher Monsieur°!°» : en italique, car il s'agit d'un message écrit. Rappelez-vous qu'à l'intérieur d'un passage en italique, ce qui doit être mis en italique est du coup en romain. C'est le cas de la citation de ce qu'a dit Monsieur Smith (les guillemets sont en romain comme ce qu'ils encadrent). Et dans cette citation, le mot anglais « *welcome* » est remis en italique.

C'est ça, amazing *Monsieur Smith,* pensa-t-il. *Tu me dis ça pour mieux me remballer ensuite…* : en italique, car c'est une pensée du personnage de point de vue. « *Amazing* » est en romain car italique dans italique = romain. « pensa-t-il » est en romain tout comme la virgule qui le précède, car il s'agit de l'incise de dialogue qui ne fait donc pas partie de la pensée du personnage.

trente minutes : en toutes lettres, car c'est une quantité.

«°prometteur°» : entre guillemets, car ce mot est employé dans un sens particulier, comme un verdict par Monsieur Smith et comme quelque chose de presque ironique du point de vue de l'auteur.

Aparté «°– selon lui, évidemment. » : un tiret demi-cadratin avant (espace insécable à gauche du tiret) et un point à la fin, car il s'agit aussi de la fin de la phrase principale.

deux années : en toutes lettres, car il s'agit d'une quantité.

Aucun intérêt, reconvertissez-vous dans le cooking *ou le marketing, vous aurez plus de chances de rendre les gens heureux°!* : en italique, car il s'agit d'une citation. « cooking » en romain car ce mot anglais devrait être en italique. « *marketing* » en italique comme la phrase principale, car il n'a pas besoin d'être mis en italique normalement : c'est un mot anglais qui est définitivement passé dans la langue française.

cent auteurs : en toutes lettres, car il s'agit d'une quantité.

le numéro°101 : en chiffres, c'est un numéro d'ordre, avec une espace insécable entre le mot « numéro » et le nombre.

Le cent unième : c'est aussi un numéro d'ordre, mais il a la particulière d'avoir le fameux –ième. Les deux usages, lettres ou chiffres sont acceptables, à condition de rester homogène tout au long du texte.

Cent un auteurs : en toutes lettres, car il s'agit d'une quantité.

Deux millions de personnes : en lettres, c'est une quantité. Même s'il s'agit d'un très grand nombre, il reste court à lire. Toutefois, dans un rapport d'activité, le chiffre 2 aurait été parfaitement acceptable.

2°300°000 : en chiffres, car ce nombre n'est pas facilement abrégeable. On aurait aussi pu écrire « 2,3 millions » (espace insécable entre le « 2,3 » et le « millions »), mais pas « deux virgule trois millions ».

1°% : en chiffre, c'est une mesure qui est suivie d'une espace insécable avant que l'on n'indique le symbole de son unité (même si pour cent n'est pas vraiment une unité à proprement parler).

«°Hello, cher ami°!°» : paroles entre guillemets selon les règles du formatage classique. Le point d'exclamation est à l'intérieur puisqu'il fait partie de l'intonation et l'incise de dialogue est à l'extérieur. J'ai fait le choix de refermer les guillemets pour qu'il n'y ait pas de confusion, car l'incise est beaucoup plus longue que les paroles.

«°Entrez donc, ajouta-t-il : j'ouvre les guillemets pour indiquer le début du dialogue, mais ne les referme pas, car il y a ensuite une réplique et que l'incise de dialogue est courte et ne prête pas à confusion.

—°Bonjour, merci°», répondit l'écrivain, intimidé : un tiret cadratin pour marquer le changement de locuteur et des guillemets pour marquer la fin de la réplique et la fin provisoire du dialogue (ensuite, ils se déplacent). Une virgule suit les guillemets, car il n'y a pas de ponctuation finale particulière dans la réplique, ni !, ni ?, ni …

Si le dialogue s'était poursuivi, il aurait été possible de supprimer les guillemets pour laisser l'incise de dialogue accolée aux paroles, car elle est suffisamment courte et non ambigüe. Bien que la virgule sépare le « intimidé » du reste de la phrase, on comprend d'après le sens que ce n'est pas une parole. Toutefois, si ce qualificatif avait été adjoint de beaucoup d'autres mots, il aurait été préférable de laisser les guillemets pour faciliter la compréhension.

Guernica […] *La Dramaturgie* : « Guernica » est en italique, car il s'agit du nom d'un tableau. *« La Dramaturgie »* est en italique, car il s'agit du nom d'un livre.

Le dialogue qui suit est ouvert par des guillemets et chaque nouvelle réplique est introduite par un tiret cadratin.

—°*Damned*°!°» coupa l'autre : italique, car c'est un mot anglais. Les guillemets fermants le sont aussi, comme leur contenu. Il n'y a pas de virgule après ces guillemets, car il y a un point d'exclamation à l'intérieur, il est donc inutile de doubler cette ponctuation.

Bien que ce soit le même personnage qui reprenne la parole juste après, les guillemets sont fermés afin qu'il soit possible de narrer son attitude sans nuire à la compréhension. Ensuite, on rouvre les guillemets pour la suite des paroles. Par convention, on ne retourne pas à la ligne, les paroles et l'attitude de ce personnage constituent un seul et même paragraphe.

Comme si c'était facile°! pensa l'auteur : je pense que c'est limpide pour vous maintenant. On met en italique, car ce sont les pensées du personnage de point de vue. Le point d'exclamation est en italique, car il donne l'intonation de ces pensées, il en fait partie.

14. Exemple avec des dialogues en formatage moderne

Je vais maintenant vous proposer le même exemple de texte de fiction que dans le chapitre précédent, mais avec les dialogues formatés de manière moderne. Afin d'illustrer clairement certaines de ces règles, je fais apparaître dans le texte toutes les espaces insécables en les matérialisant par un rond °. Après cet exemple, je justifie uniquement les choix typographiques qui se rapportent au formatage moderne des dialogues, afin de ne pas répéter l'ensemble des explications déjà fournies dans le chapitre précédent. Vous pourrez ainsi voir quels peuvent être les intérêts d'utiliser l'italique, les guillemets et les parenthèses.

Et si vous êtes arrivé directement à ce chapitre sans lire le précédent, sachez que vous pouvez vous entraîner à mettre en forme cet exemple avant de découvrir ma proposition. En effet, je mets à votre disposition sur mon blog un fichier Word contenant le texte brut : pas d'italique, ni guillemets, ni espaces insécables et tous les nombres écrits en chiffres arabes.

Lien court : goo.gl/FCEYhB

D'avance, veuillez m'excuser si ces exemples semblent quelque peu tirés par les cheveux, il s'agit surtout d'illustrer la majorité des règles abordées dans cet ouvrage, pas vraiment d'écrire de la fiction !

Exemple de texte (dialogues modernes)

Depuis le lundi 12°janvier 2040, le «°*gentleman*°» anglais°– dont personne n'avait jamais vérifié la nationalité°– résidait au 31, rue de Cologne. Étant toujours mis sur son trente-et-un, il agaçait Jérémie Lebrunet.

Ce dernier sonna à la porte de l'Anglais en présentant sa tête face à la caméra. Il suait à grosses gouttes et pas seulement à cause des 35°°C qu'indiquait le thermomètre.

—°*Monsieur Lebrunet est à la porte*°! retentit la voix joyeuse de l'IA de la maison, d'un style typique du XIXe°siècle.

Un message apparut alors sur l'écran d'accueil devant les yeux de l'écrivain°:

Monsieur Smith va vous recevoir. Il vous dit°: «°Je vous souhaite le *welcome*, cher Monsieur°!°»

C'est ça, amazing *Monsieur Smith*, pensa-t-il. *Tu me dis ça pour mieux me remballer ensuite…*

L'homme avait en effet une réputation sulfureuse. En trente minutes, il survolait un manuscrit et décrétait s'il était «°prometteur°» – selon lui, évidemment. Si c'était oui, il payait deux années d'écriture tous frais compris à l'auteur. Si c'était non, l'Anglais y allait toujours de son petit commentaire lapidaire, du genre°:

Aucun intérêt, reconvertissez-vous dans le cooking *ou le marketing, vous aurez plus de chances de rendre les gens heureux*°!

À ce que l'on racontait, cent auteurs s'étaient déjà succédé à cette porte d'entrée. Monsieur Lebrunet était le numéro°101. Le cent unième. Cent un auteurs, sur les deux millions de personnes que comptait la capitale. 2°300°000 pour être exact. Autrement dit, moins de 1°%.

La porte s'ouvrit alors.

—°Hello, cher ami°! dit l'Anglais. (La chaleur dans son regard ne semblait pas feinte.) Entrez donc, ajouta-t-il.

—°Bonjour, merci, répondit l'écrivain intimidé.

Ils traversèrent le hall où trônait une copie de *Guernica*, puis s'installèrent au salon. *La Dramaturgie* d'Yves Lavandier était posé sur la table basse, juste devant le candidat.

—°Alors, racontez-moi de quoi parle votre roman, l'invita le maître des lieux. Je meurs d'envie de rendre mon verdict°!

—°Euh… c'est l'histoire de…

—°*Damned*°! coupa l'autre. (Il se rajusta dans son fauteuil, les sourcils froncés.) Faites preuve d'originalité°! Surprenez-moi…

Comme si c'était facile°! pensa l'auteur.

—°Mais bien sûr, Monsieur, répondit-il poliment.

Explication des choix typographiques

Je vais maintenant expliciter les choix typographiques portant sur le formatage moderne des dialogues (les autres éléments sont décrits dans le chapitre précédent). Les espaces insécables apparaissent toujours matérialisées par un rond °.

Avec le formatage moderne, toutes les phrases prononcées sont introduites par des tirets cadratins, même lorsqu'il s'agit d'une machine. Les pensées et les messages lus n'en ont pas. Pour marquer le caractère spécial de ces énoncés (machine, pensées, messages lus), j'utilise l'italique, les guillemets étant réservés aux citations.

Il aurait été possible de signaler les pensées et les messages lus (qu'on peut concevoir comme étant pensés par le personnage de point de vue) par des guillemets. Ce serait un choix judicieux pour améliorer la compréhension du texte, mais j'ai cependant choisi de ne pas y recourir, car je trouve que cela alourdit le texte. Sur un récit aussi court que celui-ci, il est facile de m'assurer que l'ensemble soit facile à comprendre. Sur un roman, je ferais peut-être le choix des guillemets pour être certain que, sur le long terme, la distinction paroles/pensées soit toujours effective.

—°Hello, cher ami°! dit l'Anglais. (La chaleur dans son regard ne semblait pas feinte.) Entrez donc, ajouta-t-il.

La réplique est introduite par un tiret cadratin et la première incise de dialogue est facile à repérer. Ensuite, on expose l'attitude du personnage entre parenthèses pour éviter les confusions avec ses paroles. Lorsque les paroles reprennent, il est possible d'ajouter une autre incise de dialogue, bien que celle de l'exemple ne soit pas vraiment judicieuse. L'important est que l'ensemble reste compréhensible.

—°*Damned*°! coupa l'autre. (Il se rajusta dans son fauteuil, les sourcils froncés.) Faites preuve d'originalité°! Surprenez-moi…

C'est le même cas que précédemment. Notez qu'il est parfaitement possible d'ajouter d'autres indications sur l'attitude du personnage dans d'autres parenthèses, par exemple entre la deuxième et la troisième phrase. Je vous conseille toutefois de ne pas abuser de ce procédé, car c'est assez inhabituel pour attirer l'attention de votre lecteur et le sortir de sa lecture, ce qui serait dommageable pour lui comme pour vous. À vous de trouver le bon dosage.

15. Récapitulatif de mes choix personnels en matière de typographie

Je ne prétends pas détenir la vérité, mais au fil des ans, je me suis petit à petit arrêté sur un certain nombre de normes qui, selon moi, fonctionnent bien pour mes récits et me permettent, je l'espère, de rendre mes textes plus lisibles et plus facilement compréhensibles.

Je vais donc maintenant vous les résumer et expliciter ces choix, ainsi que les entorses que je peux leur faire parfois.

Formatage moderne des dialogues

Je trouve le formatage classique plus élégant avec les guillemets doubles chevrons, mais le fait de ne pas avoir besoin d'eux pour signaler les dialogues me permet de les utiliser avantageusement pour d'autres fonctions, sans ambiguïté.

D'un autre côté, je trouve l'utilisation des parenthèses en milieu de réplique presque inélégante, mais sans doute par manque d'habitude. Alors j'essaie d'en limiter un peu l'usage, préférant créer un nouveau paragraphe pour décrire les actions ou attitudes du locuteur, quitte à réintroduire la suite de sa réplique juste après.

Toutefois, comme je me dis que mon lecteur non plus n'est pas forcément très habitué à ce formatage, j'essaie depuis quelque temps de mettre dès le début de mes récits deux ou trois passages avec ces parenthèses en milieu de réplique. Histoire d'accoutumer tout de suite mon lecteur. Sinon, si ces parenthèses apparaissaient au bout de trente pages, cela pourrait être surprenant, voire considéré comme une faute, surtout s'il n'y en a pas d'autres pendant encore trente pages…

Les guillemets

Pour les citations et les mots utilisés dans un sens spécial.

Pour les citations, il n'y a pas d'ambiguïté puisque je ne les utilise que là.

Quant aux mots spéciaux, je les considère comme s'ils étaient tirés d'un autre contexte linguistique ou lexical, comme s'ils étaient en quelque sorte « cités ». Héhé… chacun enregistre ses propres règles selon sa logique, avec des moyens mnémotechniques personnels !

L'italique

J'utilise l'italique :

- pour les pensées ;
- pour les messages écrits qui sont lus par un personnage (et qui sont donc pensés) ;
- pour les mots ou phrases en langue étrangère ;
- pour les mots sur lesquels un personnage insiste (que ce soit dans un dialogue ou dans la narration si on a choisi une narration à la première personne) ;
- et enfin, pour les titres de livres.

<u>Entorse régulière à cette résolution</u> : les titres de livres que j'écris sur Internet. Sur un grand nombre de sites, notamment les réseaux sociaux, mais aussi pour les titres d'articles de blog, il n'est pas possible d'utiliser l'italique. Dans les commentaires que je laisse sur les blogs, il faudrait utiliser les balises HTML <em> et </em> pour encadrer les mots ciblés, mais j'avoue que je n'ai pas souvent (jamais) le courage.

J'ai donc décidé de signaler systématiquement les titres de livres par des guillemets doubles chevrons quand je suis dans ces cas-là. Ou des guillemets en doubles apostrophes quand le site ne propose que ça par défaut. C'est le cas de Twitter et Facebook.

J'ai longtemps hésité à utiliser l'italique dans le corps du texte de mes articles de blog… Mais finalement, pour des raisons d'homogénéité avec les titres de mon blog, j'ai décidé de conserver les guillemets partout sur mon site. Le but ultime de cette homogénéité n'étant pas le caprice d'un esprit rigide, mais bien de faciliter la lecture et la compréhension de l'internaute ;-)

Une dernière chose à ce sujet : je mets aussi ces titres de livres en gras, même si ça ne répond sûrement à aucune règle typographique… Je trouve qu'ils ressortent mieux ainsi, mais cette habitude est surtout venue du fait que je place toujours des liens affiliés vers Amazon sur les titres des ouvrages que je cite (le lecteur paie le même prix et moi, je touche une petite commission). Et étant donné que je me suis fixé comme principe de mettre tous les liens de mon site en gras pour qu'ils soient bien visibles, je mets toujours les titres des livres en gras.

Guillemets *et* italique

Oui, ça arrive, mais pas souvent. Je crois que la seule fois où j'ai utilisé cette double mise en relief, c'est dans ma nouvelle *Alice et le Crédit Solidaire*, lorsque la narration rappelle un message écrit qu'Alice a lu plusieurs mois auparavant et auquel elle repense souvent. J'ai mis ce message entre guillemets, car il s'agit d'une citation et en italique, car il s'agissait d'un message écrit.

C'est la narration qui l'évoque, ce n'est pas directement Alice qui y pense, ce n'est pas suivi par un « pensa-t-elle ». Si cela avait été une pensée, il aurait fallu le mettre en italique. Or, italique + italique = romain. Mais même dans ce cas, je crois que j'aurais laissé en italique afin de laisser à la phrase le même aspect que celui dans lequel le lecteur l'avait découverte une dizaine de pages plus tôt.

Cas particulier de ce guide

Ce guide est assez différent dans sa présentation des histoires que j'écris d'habitude… mais finalement, pas tant que ça. Je n'ai pas vraiment adapté mon code typographique.

Par exemple, les « suivi de » en italique que j'ai utilisés au milieu des formules à taper dans les champs Rechercher et Remplacer n'était ni plus ni moins que des choses à penser, mais pas à écrire !

Quant au gras, j'ai décidé de l'utiliser pour mettre en relief toutes les fonctions, boutons ou cases à cocher de Word, ainsi que pour constituer des repères visuels au sein des explications et tutoriels qui soient un peu comme des Titres 3 tout en étant intégrés au corps du texte.

Conclusion

Nous voici rendus à la fin de ce guide. Je vous remercie d'avoir fait ce bout de chemin avec moi à travers les méandres des règles du formatage et de la typographie. J'espère que cela aura été instructif et vous sera profitable tout au long de votre vie d'auteur, que ce soit pour démarcher des éditeurs ou directement auprès de vos lecteurs si vous vous autoéditez.

À ce sujet, sachez que j'ai publié sur YouTube une vidéo expliquant comment formater son livre pour qu'il soit accepté par la plateforme CreateSpace, le service d'impression à la demande d'Amazon. Maintenant que vous maîtrisez la majorité des standards de formatage et des règles typographiques, vous êtes en mesure de proposer un livre impeccable à votre lectorat !

Et même si des doutes subsistent sur un point ou un autre, n'hésitez pas à vous renseigner sur le web (vous trouverez dans la section suivante plusieurs sites de référence) et à toujours privilégier ce qui permet une meilleure compréhension pour le lecteur. Mais rappelez-vous qu'une seule règle prévaut sur toutes les autres : l'homogénéité ☺.

Je vous souhaite une bonne continuation et beaucoup de réussites dans vos projets d'écriture !

Si ce guide vous a plu, n'hésitez pas à laisser un commentaire sur Amazon afin que d'autres auteurs puissent déterminer si cet ouvrage est fait pour eux. Je me permets de préciser que seuls les avis 5 étoiles permettent vraiment d'être trouvé sur le site d'Amazon. Or, cette visibilité est cruciale pour tout auteur, et c'est encore plus vrai pour les autoédités comme moi qui ne bénéficient pas de la puissance marketing d'une grande maison d'édition.

Cela me donnera du courage pour écrire un prochain guide (j'ai déjà les grandes lignes en tête !).

Alors merci d'avance de votre soutien !

Jérémie

Index

À la demande d'une lectrice de mon blog (merci Nathalie !), je vous ai concocté cet index. J'espère que cela vous aidera à trouver plus facilement des réponses. Les numéros de page en gras représentent les parties importantes qui traitent d'un sujet et ceux en italique renvoient aux références sitographiques.

Références sitographiques

Dans cette partie, vous trouverez une liste thématique de sites Internet contenant des informations plus précises ou complémentaires à celles que je vous ai fournies dans ce guide. Ces thèmes sont rangés dans le même ordre que celui suivi par ce livre : d'abord le formatage, avec beaucoup de ressources logicielles, puis la typographie.

Pour chaque ressource, il y a le lien complet et un lien court équivalent, plus pratique si vous avez besoin de le recopier. Comme les sites évoluent, il n'est pas exclu que d'ici quelques mois, certaines pages aient disparu (elles sont toutes valides en mai 2016). Avec le lien complet, vous pourrez retrouver le site et peut-être la page. De plus, cela vous permettra de ne pas cliquer à l'aveugle sur les liens courts fournis.

Mais avant ces sites, si ce guide ne vous a pas suffi et que votre soif de connaissances typographiques est insatiable, une seule solution : le ***Lexique des règles typographiques en usage à l'Imprimerie nationale***.

Lien court : goo.gl/MqjTSp

Note : il s'agit du best-seller de la catégorie « Histoire de la décoration intérieure » sur Amazon ! Héhé, je me demande quels mots-clés ont indiqué les auteurs… Ou alors, c'est l'algorithme d'Amazon ☺.

Microsoft Word et OpenOffice Writer

Aide générale, ciblée sur Word 2016 (il semblerait que l'aide pour les versions antérieures ne soit plus accessible…).
Aide sur Word. Microsoft, 2016. Disponible sur :
https://support.office.com/fr-fr/word
Lien court : goo.gl/S9pV2i

Aide générale pour Writer, avec le sommaire dans la liste à droite.
Document texte avec OpenOffice Writer. OpenOffice, 2009 [consulté en mai 2016]. Disponible sur :
https://wiki.openoffice.org/wiki/FR/Documentation/Writer_Guide
Lien court : goo.gl/gmxv2z

Styles

Gestion des styles dans Word.
Modifier un jeu de styles rapides. Microsoft, 2016. Disponible sur :
https://support.office.com/fr-FR/article/Modifier-un-jeu-de-styles-rapides-CD6EC7B6-D4DB-42BF-816A-FB7AE5171B46
Lien court : goo.gl/DrgjXy

Gestion des styles dans Writer : niveau découverte.
La fenêtre Styles et formatage. OpenOffice, 2009 [consulté en mai 2016]. Disponible sur :
https://wiki.openoffice.org/wiki/FR/Documentation/Writer_Guide/Styliste
Lien court : goo.gl/ZYkpAz

Gestion des styles dans Writer : niveau expert, mais datant de 2008.

Jean-Yves Lucca. *Les Styles de titres (fichier PDF)*. OpenOffice, 2008 [consulté en mai 2016]. Disponible sur :
https://www.openoffice.org/fr/Documentation/Writer/Tout%20sur%20les%20Styles%20de%20Titre_JYL.pdf
Lien court : goo.gl/zCNsl0

Les styles dans le logiciel Apple Pages pour Mac.
Nathalie Materne. *Pages – Styles & table des matières*. YouTube, 2012. Disponible sur :
https://youtu.be/gNPGO25p7xc
Lien court : goo.gl/1N5t2H

Table des matières et chapitrage

Structure d'une publication (ce que j'appelle chapitrage, utile pour l'autoédition).
Code de rédaction interinstitutionnel. Europa, 2015 [consulté en mai 2016]. Disponible sur :
http://publications.europa.eu/code/fr/fr-250000.htm
Lien court : goo.gl/1LFTO5

Insérer une table des matières dans Word.
Créer ou mettre à jour une table des matières. Microsoft, 2016. Disponible sur :
https://support.office.com/fr-fr/article/Cr%C3%A9er-ou-mettre-%C3%A0-jour-une-table-des-mati%C3%A8res-1bee8114-2c58-46fb-a884-64c6dfecaeca
Lien court : goo.gl/dYIxgP

Insérer une table des matières dans Writer.

Création de tables des matières, d'index et de bibliographie. OpenOffice, 2009 [consulté en mai 2016]. Disponible sur :

https://wiki.openoffice.org/wiki/FR/Documentation/Writer_Guide/Creation_index

Lien court : goo.gl/7nBgg0

En-têtes et pieds de page

En-têtes et pieds de page dans Word.

Insérer des en-têtes et des pieds de page. Microsoft, 2016. Disponible sur :

https://support.office.com/fr-fr/article/Ins%C3%A9rer-des-en-t%C3%AAtes-et-des-pieds-de-page-f22334fb-4455-4b18-9354-7c9c70c3b032

Lien court : https://goo.gl/r3VrZS

En-têtes et pieds de page dans Writer.

Création d'en-têtes et de pieds de page. OpenOffice, 2009 [consulté en mai 2016]. Disponible sur :

https://wiki.openoffice.org/wiki/FR/Documentation/Writer_Guide/Cr%C3%A9er_en-t%C3%AAtes

Lien court : goo.gl/QaU2JR

Numérotation des pages dans Writer.

Numérotation des pages. OpenOffice, 2009 [consulté en mai 2016]. Disponible sur :

https://wiki.openoffice.org/wiki/FR/Documentation/Writer_Guide/Num%C3%A9roter

Lien court : goo.gl/IZBIh2

Numérotation des pages dans Writer – FAQ.

FR/FAQ/Writer - Numérotation des pages. OpenOffice, 2011 [consulté en mai 2016]. Disponible sur :

https://wiki.openoffice.org/wiki/FR/FAQ/Writer#Num.C3.A9rotation_des_pages

Lien court : goo.gl/XnRTuA

En-têtes et pieds de page dans Apple Pages pour Mac.

Pages for Mac 5.0 : Ajouter des en-têtes, bas de page et numéros de page. Apple, 2016. Disponible sur :

https://support.apple.com/kb/PH23643?locale=fr_FR&viewlocale=fr_FR

Lien court : goo.gl/aq7gtm

Fonction Remplacer

Fonction Remplacer de Word : liste des caractères génériques.

Rechercher ou remplacer du texte ou d'autres éléments – caractères génériques. Microsoft, 2016. Disponible sur :

https://support.office.com/fr-fr/article/Rechercher-et-remplacer-du-texte-ou-d-autres-%C3%A9l%C3%A9ments-50b45f26-c4b8-4003-b9e4-315a3547f69c#bm8

Lien court : goo.gl/i4kgHR

Cours complet sur l'utilisation de Word 2007 (beaucoup de choses fonctionnent encore dans les versions suivantes de Word).

Chantal Bourry. *Word 2007 – sommaire.* Cours Bardon, 2010 [consulté en mai 2016]. Disponible sur :

http://www.coursbardon-microsoftoffice.fr/word2007/index.htm

Lien court : goo.gl/ilprkp

Fonction Remplacer de Writer : liste des caractères génériques et utilisation des formatages spécifiques (gras, italique, souligné, styles).

Recherche et remplacement de texte et de formatage. OpenOffice, 2010 [consulté en mai 2016]. Disponible sur :

https://wiki.openoffice.org/wiki/FR/Documentation/Writer_Guide/Recherche_et_remplacement

Lien court : goo.gl/Cycp8K

Liste des caractères génériques de Writer :

Allez dans le menu **Aide > Index** et tapez Caractères. Cliquez sur **Caractères invisibles** et cliquez sur **Afficher**. En bas du volet d'aide, il y a un lien **Liste des caractères génériques.**

Corriger automatiquement les espaces insécables avec Scrivener.

Lionel Davoust. *Voici comment respecter facilement la typographie française avec Scrivener.* Blog de Lionel Davoust, 2015 [consulté en mai 2016]. Disponible sur :

http://lioneldavoust.com/2015/voici-comment-respecter-facilement-la-typographie-francaise-avec-scrivener/

Lien court : goo.gl/Iv4fAV

<u>Règles typographiques</u>

La table des matières du *Code de rédaction interinstitutionnel* qui regroupe une mine d'informations !
Le Code de rédaction interinstitutionnel – Table des matières. Europa, 2015 [consulté en mai 2016]. Disponible sur :
http://publications.europa.eu/code/fr/fr-000500.htm
Lien court : goo.gl/GxF0Km

Dans une moindre mesure puisqu'il s'agit d'un ouvrage québécois, le *Guide du rédacteur*. La liste des chapitres se trouve dans la colonne de gauche.
Le Guide du rédacteur – Recherche par chapitre. Termium Plus, 2016. Disponible sur :
http://www.btb.termiumplus.gc.ca/tpv2guides/guides/redac/i
ndex-
fra.html?lang=fra&lettr=chap_catlog&page=../srchparbychap
Lien court : goo.gl/yHz1tg

Règles typographiques.
Véronique Pierre. *Règles typographiques de base*. Revues.refer.org, 2013 [consulté en mai 2016]. Disponible sur :
http://revues.refer.org/telechargement/fiche-typographie.pdf
Lien court : goo.gl/Cvq4gM

Liste des mots et locutions latines à écrire en romain.
Le Code de rédaction interinstitutionnel – Utilisation de l'italique. Europa, 2015 [consulté en mai 2016]. Disponible sur :
http://publications.europa.eu/code/fr/fr-5010100.htm
Lien court : goo.gl/X3eg4C

Citer une bibliographie Internet.

Savoirs CDI : citer ses sources et présenter une bibliographie. Réseau Canopé, 2016. Disponible sur :

https://www.reseau-canope.fr/savoirscdi/centre-de-ressources/fonds-documentaire-acquisition-traitement/le-traitement-documentaire/citer-ses-sources-et-presenter-une-bibliographie-lycee.html

Lien court : goo.gl/8TJUNu

Polices et espacements

Les polices de caractères.

Frédéric Clémentz. *Quelle police de caractères choisir pour votre livre ?* Écrire… et s'Enrichir, 2014 [consulté en mai 2016]. Disponible sur :

http://ecrire-et-senrichir.com/quelle-police-de-caracteres-choisir-pour-votre-livre/

Lien court : goo.gl/RDNR0F

Réglages InDesign pour homogénéiser le gris typographique.

Peter Gabor. *Le Gris typographique | lisibilité et économie d'espace.* Le Monde, 2005 [consulté en mai 2016]. Disponible sur :

http://paris.blog.lemonde.fr/2005/11/30/2005_11_le_gris_ty pogra/

Lien court : goo.gl/QuTbTp

Écriture des nombres

Ressource détaillée sur les règles d'écriture des nombres en chiffres ou en lettres.

Le Code de rédaction interinstitutionnel – Nombres. Europa, 2015 [consulté en mai 2016]. Disponible sur :

http://publications.europa.eu/code/fr/fr-4100400.htm

Lien court : goo.gl/pCuGo6

Autre mine d'informations sur l'écriture des nombres, rédigée par les services gouvernementaux du Canada cette fois.

Le Guide du rédacteur – Les nombres. Termium Plus, 2016. Disponible sur :

http://www.btb.termiumplus.gc.ca/redac-chap?lang=fra&lettr=chapsect2&info0=2

Lien court : goo.gl/aduxE8

Utilisation de la fonction Équation de Word.

Écrire, insérer ou modifier une équation dans Word 2007. Microsoft, 2016. Disponible sur :

https://support.office.com/fr-fr/article/%C3%89crire-ins%C3%A9rer-ou-modifier-une-%C3%A9quation-dans-Word-2007-f4789808-f958-4baa-9e90-09227c88c5da

Lien court : goo.gl/pQZ54Z

Utilisation de la fonction Objets mathématiques de Writer pour saisir des formules mathématiques.

Objets mathématiques. OpenOffice, 2009 [consulté en mai 2016]. Disponible sur :

https://wiki.openoffice.org/wiki/FR/Documentation/Writer_Guide/Objets_mathematiques

Lien court : goo.gl/iEFDst

Publication de livres papier (impression à la demande)

Mon tutoriel vidéo pour publier sur CreateSpace.

Jérémie Lebrunet. *Formater son fichier Word pour publier sur CreateSpace* [*tutoriel autoédition*]. YouTube, 2016. Disponible sur :

https://www.youtube.com/watch?v=P7N3P2OYGNY

Lien court : goo.gl/OFYbAL

Publication de livres numériques

Le guide de Charlie Bregman pour la conversion de fichiers Word grâce à Calibre, un logiciel gratuit, et Internet.

BREGMAN, Charlie. *Ebook Facile, Autoédition Tome III*. [e-book]. Autoédition, 2015. Disponible sur :

http://www.amazon.fr/gp/product/B016OV943C/ref=as_li_t l?ie=UTF8&camp=1642&creative=6746&creativeASIN=B016 OV943C&linkCode=as2&tag=lavdepl-21

Lien court : goo.gl/eHuDuw

Logiciel Dedee pour dédicacer des livres numériques.

LEQUIEN, Éric. *Dedee* [logiciel]. Dedeecation, 2016. Disponible sur :

http://dedeecation.com/?fr

Lien court : goo.gl/VJb6Mo

Un mot de l'auteur

J'espère sincèrement que ce guide vous a plu, car j'ai donné mon maximum pour vous y mettre le meilleur de mes recherches !

Que vous ayez aimé cette lecture ou non, je vous serais très reconnaissant si vous preniez une minute supplémentaire pour laisser un avis sur le site où vous avez téléchargé ce texte. En effet, en plus de me faire connaître votre avis, vous m'aiderez à gagner en visibilité sur Internet et permettrez aux autres lecteurs de déterminer si ce texte peut leur convenir.

Les commentaires des internautes sont donc cruciaux pour tous les auteurs, mais c'est encore plus prégnant pour les autoédités comme moi.

Alors, merci d'avance pour le geste !

Pour mémoire, voici les liens des sites où mes ouvrages autoédités sont disponibles :
- **Amazon**
- **Kobo**
- **Fnac**
- **Google Play**
- **iTunes**
- **ma boutique personnelle**

Je vous indique aussi mes supports Internet afin que vous puissiez facilement suivre mes activités et être informé de mes futures publications.

- **Mon blog** : www.destination-futur.fr
- **ma newsletter** : eepurl.com/JULQP
- **Facebook** : www.facebook.com/destinationfutur
- Twitter **@JeremieLebrunet**
- ma chaîne **YouTube** : goo.gl/gvglQW
- mon compte **Wattpad** (textes gratuits) : goo.gl/IcvP24

À bientôt, j'espère !
Jérémie

Bibliographie

Cet ouvrage est le premier guide à destination des auteurs que je publie, mais d'autres suivront (j'ai déjà en tête deux idées en lien avec des questions que me posent des lecteurs de mon blog).

Si vous aimez les genres littéraires de la science-fiction, de la fantasy et du fantastique, vous pouvez découvrir les nouvelles que j'ai écrites. La plupart sont gratuites et, pour celles que je commercialise, des extraits sont téléchargeables gratuitement sur différents sites :

- **Amazon** : goo.gl/2yFWJK
- **Kobo** : goo.gl/t81f9j
- **Fnac** : goo.gl/nrtpAZ
- **Google Play** : goo.gl/u6c2Pl
- **iTunes** : goo.gl/ZndDsf
- **ma boutique personnelle** : editions-destination-futur.fr
- les textes gratuits sont sur mon blog et sur le site **Wattpad** : goo.gl/IcvP24

À vos Plumes !, autoédition gratuite sur mon blog et sur Wattpad, 2017

[nouvelle humoristique, 2 000 mots, 10 minutes de lecture]

Lorsque des angelots insouciants jouent avec de l'encre magique, ce sont les humains qui risquent d'y laisser le plus de plumes…

Deux ans après l'attentat du Charlie Hebdo, je publie cette nouvelle humoristique en mémoire des victimes, de toutes les victimes des intégristes de tout poil et de tout continent.

Le Cube d'ambre, autoédition, 2016

[nouvelle de fantasy, 4 600 mots, 20 minutes]

Qu'est-ce qui relie un sorcier égyptien du XIIe siècle traqué par les hashashins, une lycéenne d'aujourd'hui poussée par une voix intérieure qui part en Iran pour un chantier archéologique, un Comte de la Seconde croisade qui entraîne sa compagnie dans les montagnes de Syrie, un guerrier mongol au service de Hulagu Khan qui entre victorieux dans une forteresse hashashin, et une fillette turque du XIVe qui fugue de chez son père vers les montagnes ?

Quelle est la force qui les pousse tous à partir à la recherche d'un mystérieux cube d'ambre ?

Texte écrit pour les 24 Heures de la Nouvelle en mai 2016, disponible sur mon blog et sur le site de l'évènement.

Alice et le Crédit solidaire, autoédition, 2015

[nouvelle de science-fiction, 11 000 mots, 45 minutes]

Paris, 2027. Le monde d'Alice s'écroule le jour où son mari journaliste meurt dans un accident suspect. Il menait des investigations sur le Crédit solidaire, une banque aux activités louches. L'enquête de police piétine et Alice n'a plus qu'une idée en tête : faire payer les coupables. C'est alors qu'on lui fournit le contact de hackers...

À la fin de la nouvelle, vous serez invité en coulisse pour découvrir le processus de création du texte. Texte offert en plusieurs formats numériques pour toute inscription à ma newsletter.

FianZailles, publication gratuite par Walrus Books sur Wattpad, 2015

[nouvelle de SF-horreur, 9 000 mots, 40 minutes]

Vous connaissez ***Toxic***, la fameuse série littéraire de Stéphane Desienne : 33 % humain, 33 % zombie, 33 % alien = 100 % Apocalypse ! Moi, j'ai adoré.

Eh bien, son éditeur, Walrus Books, a lancé un appel à textes pour des nouvelles se déroulant dans cet univers. C'est mon texte, ***FianZailles***, qui a été sélectionné ! Ils l'ont publié sur leur compte Wattpad : walrusbooks en un mot.

Retrouvez sur mon blog un article dévoilant le processus de création de ce texte (tapez simplement FianZailles *dans le champ de recherche du site).*

Le Chromort, autoédition gratuite sur mon blog et sur Wattpad, 2015

[fanfiction du roman de fantasy *La Horde du contrevent* d'Alain Damasio, 5 000 mots, 20 minutes]

La Horde arrive *incognito* dans un petit village, construit à l'abri derrière un énorme rocher. Des festivités battent leur plein autour d'un grand feu, lorsqu'un saltimbanque réclame le silence et entame un conte pour le moins surprenant… Qui est-il et comment savait-il que les Hordiers allaient faire étape ici ?

Je vous convie à (re)découvrir les personnages qui ont fait le succès de l'œuvre d'Alain Damasio, dans une rencontre qui s'avèrera capitale pour la suite de leur quête. Cette histoire se déroule AVANT le roman et ne contient aucun spoiler.

Duplicate corporation, autoédition, 2014

[nouvelle de science-fiction, 9 300 mots, 40 minutes]

Suliac a réussi à se faire engager comme pâtissier dans le manoir de l'homme qui a brisé sa vie sept ans plus tôt. Le plan qu'il a élaboré pour obtenir réparation est prêt. Mais il va devoir jouer serré : Monsieur Bonnefoy possède deux corps, dont un qui a l'apparence innocente d'un garçon de sept ans…

À la fin de la nouvelle, vous serez invité en coulisse pour découvrir le processus de création du texte.

Un Fils inattendu, autoédition, 2014

[nouvelle de science-fiction, 4 400 mots, 20 minutes]

David Stein se réveille dans une chambre sombre et inconnue. Il n'a pas la moindre idée de ce qu'il fait là ! Son inquiétude s'intensifie quand une domestique au tablier taché de sang vient ouvrir les volets et lui annonce en allemand qu'il est papa.

À la fin de la nouvelle, vous serez invité en coulisse pour découvrir le processus de création du texte.

Grain de sable, autoédition, 2013

[nouvelle de science-fiction, 2 300 mots, 10 minutes]

Quand l'Unité Décisionnelle 23 atterrit sur la planète où elle doit accomplir sa deuxième mission, elle est loin de se douter du potentiel évolutif des espèces autochtones. Ces animaux qu'elle cherche à élever vers un stade supérieur d'intelligence lui réservent quelques surprises… Ne dit-on pas, parfois, que la créature peut surpasser son créateur ?

À la fin de la nouvelle, vous serez invité en coulisse pour découvrir le processus de création du texte.

Les Enfants d'Aapep, autoédition, 2013
[nouvelle fantastique, 4 200 mots, 18 minutes]
Alphonse Montaigue, égyptologue à la retraite, est persuadé que le dieu Seth communique avec lui dans ses rêves. Un jour, la divinité le charge d'éliminer un à un les membres d'un groupe qui menace l'humanité : les Enfants d'Aapep.

Alphonse est-il fou d'engager un tueur pour exécuter cette basse besogne ? La première cible représente-t-elle vraiment une menace ?

À la fin de la nouvelle, vous serez invité en coulisse pour découvrir le processus de création du texte.

Découvrez aussi plusieurs mini-nouvelles en lecture libre sur mon blog et sur Wattpad :
La Véritable origine de K2000, science-fiction
[2 250 mots, 10 minutes]

L'Eau de l'ambition, fiction historique
[1 500 mots, 6 minutes]

Misère, anticipation
[1 100 mots, 5 minutes]

Une Main sur l'épaule, fantasy
[550 mots, 2 minutes]

À paraître...

Le Dernier compagnon

[roman court de science-fiction]

Thomas est vendeur dans un magasin de hifi, en attendant de lancer sa propre entreprise d'informatique. Un jour où il s'est encore disputé avec son chef de rayon, ce dernier l'enferme injustement dans un local à poubelles. Les heures passent, mais personne ne vient lui ouvrir. Thomas finit par fracturer la porte de sa prison et s'échappe dans la rue.

Une rue totalement déserte, comme le reste du quartier. À croire que tout le monde a disparu ou qu'il est la cible d'un gigantesque canular... La seule personne que Thomas rencontre est un adolescent handicapé mental plutôt turbulent.

La Balade du détecteur

[roman de science-fiction, uchronie]

Passionné d'histoire, Marc a travaillé tout l'été comme guide au château de la Duchesse Anne, dans la vieille ville de Saint-Malo. Le jour de l'équinoxe de septembre, le jeune homme va arpenter la plage avec son détecteur à métaux, à la recherche d'objets perdus par les touristes.

Après avoir traversé une nappe de brume particulièrement épaisse, il découvre dans le sable un sabre de corsaire en parfait état. Pas une trace de rouille, comme si l'arme venait d'être forgée !

En remontant de la grève vers la vieille ville, Marc s'aperçoit avec stupeur que les remparts n'ont pas leur aspect habituel : ils ressemblent en tout point aux murailles détruites pendant la Seconde Guerre mondiale...

Remerciements

Je remercie ma compagne pour son amour, son écoute, ses encouragements et ses conseils éclairés.

Je remercie aussi tous ceux qui ont contribué de près ou de loin à ce que je me forme dans les domaines abordés par cet ouvrage.

Je remercie enfin les auteurs qui ont participé au lancement de ce guide en offrant des lots lors du jeu-concours du 12 juin 2016 et/ou en relayant l'information auprès de leurs lecteurs. Vous avez toute ma gratitude !

Parmi eux, je peux citer tout particulièrement Charlie Bregman, Cyril Godefroy, Nathalie Bagadey, Jacques et Jacques-line Vandroux, Éric Galland, Pascal Bléval, Frédéric Clémentz et Aude Réco. Tous sont des auteurs indépendants qui partagent leur expérience de l'autoédition, alors n'hésitez pas à consulter leurs sites respectifs qui regorgent d'informations utiles : construction de scénario, fabrication d'ebooks, d'audiobooks, statut fiscal des autoédités, blogging, marketing, etc.

Mentions légales

© Jérémie Lebrunet 2016-2017, tous droits réservés.

Ce texte fait l'objet d'un copyright (n°00051990-3) et est édité par Jérémie Lebrunet, 272C rue de Fougères, 35700 Rennes, France.

ISBN 979-10-92703-22-1 (PDF)
ISBN 979-10-92703-23-8 (EPUB)
ISBN 979-10-92703-24-5 (MOBI)
ISBN 979-10-92703-25-2 (PAPIER)
Date de première publication : 2 juin 2016

E-mail : contact@destination-futur.fr
Site internet : http://www.destination-futur.fr

Imprimé par CreateSpace
Impression à la demande
Dépôt légal : 5 juin 2016